Band 102

OutdoorHandbuch

Thomas Oeding

Ballonfahren

BASIXX - BASISWISSEN FÜR DRAUSSEN

Alle Informationen, schriftlich und zeichnerisch, wurden nach bestem Wissen zusammengestellt und überprüft. Sie waren korrekt zum Zeitpunkt der Recherche. Eine Garantie für den Inhalt, z.B. die immerwährende Richtigkeit von Preisen, Adressen, Telefon- und Faxnummern sowie Internet-Adressen, Zeit- und sonstigen Angaben, kann naturgemäß von Verlag und Autor - auch im Sinne der Produkthaftung - nicht übernommen werden.

Der Autor und der Verlag sind für Lesertipps und Verbesserungen (besonders als E-Mail oder auf Diskette) unter Angabe der Auflagen- und Seitennummer dankbar.

Leser, deren Einsendung verwertet wird, werden in der nächsten Ausgabe genannt und erhalten als Dank ein Exemplar der neuen Auflage oder ein anderes Buch ihrer Wahl aus dem Programm des Verlags.

D-OMHG

OutdoorHandbuch aus der Reihe "Basiswissen für draußen", Band 102

ISBN 3-89392-802-2 2. Auflage

Dieses OutdoorHandbuch wurde konzipiert und redaktionell erstellt vom
Conrad Stein Verlag GmbH, Postfach 1233, 59512 Welver,
Dorfstr. 3a, 59514 Welver, ☎ 02384/963912, FAX 02384/963913,
✉ <info@conrad-stein-verlag.de>, 💻 <http://www.conrad-stein-verlag.de>.

Unsere Bücher sind überall im wohl sortierten Buchhandel und in cleveren Outdoorshops in Deutschland, Österreich und der Schweiz erhältlich.
Auslieferung für den Buchhandel:

D Prolit, Fernwald und alle Barsortimente
A freytag & berndt, Wien
CH AVA-buch 2000, Affoltern und Schweizer Buchzentrum
I Mappa Mondo, Brendola

Text und Fotos: Thomas Oeding
Lektorat: Conrad Stein und Manuela Dastig
Layout: Manuela Dastig
Gesamtherstellung: Wilhelm & Adam, 63150 Heusenstamm

Dieses OutdoorHandbuch hat 90 Seiten mit 14 farbigen und 18 schwarzweißen Abbildungen und 15 Illustrationen. Es wurde auf chlorfrei gebleichtem Papier gedruckt und der größeren Strapazierfähigkeit wegen mit PUR Kleber gebunden.

0079000

Inhalt

Über den Autor

Thomas Oeding, Jahrgang 1964, ist Berufsballonpilot und betreibt ein Luftfahrtunternehmen mit Heißluftballonen mit Sitz in Kiel. Er ist seit 1991 Pilot, seit 1995 Freiballonlehrer und hat mehr als 1.800 Stunden in Ballonkörben verbracht. Internationale Erfahrung sammelte er unter anderem in den USA, Japan, Namibia und auf Ballonfahrertreffen europaweit. Ein weiteres Highlight war seine dritte Alpenüberquerung im Januar 2000. Er gilt als einer der erfahrensten Piloten Norddeutschlands.

Danke

Bedanken möchte ich mich bei meiner Familie und meiner Frau Zohreh, meinen Söhnen Noel und Navid die mir immer sehr viel Verständnis entgegenbringen, wenn ich einer Ballonfahrt den Vorzug gegenüber einer Familienfeier gebe.

Thomas Oeding

Vorwort

1988 packte mich die Leidenschaft für das Ballonfahren. Seitdem habe ich mehr als 1.500 Stunden unter Ballonen verbracht und mehr als 5.000 Passagiere im Ballonkorb begrüßt. Ich kann Ihnen sagen, keine Ballonfahrt glich der anderen. Einer der Gründe warum meine Begeisterung bis zum heutigen Tage nicht nachgelassen hat. Ob die Sonne scheint oder es bewölkt ist, ob in den Bergen oder im Flachland, jede Ballonfahrt bietet etwas einmaliges, ein unbeschreibliches Gefühl von Leichtigkeit und Freiheit.

Das Ballonfahren erfreut sich in den letzten Jahren immer größer werdender Beliebtheit. Nun gibt es mittlerweile allerlei Literatur, die den Ballon zum Thema hat. Zumeist handelt es sich hierbei aber um Bildbände oder Erlebnisberichte. Dieses Buch verschafft Ihnen in übersichtlicher Form einen grundlegenden Einblick in das Thema Ballonfahren. Die Themenbereiche wurden aus häufig gestellten Fragen von Ballonbegeisterten zusammengestellt.

Ich höre auch immer wieder Äußerungen, wie: "Ich würde ja gerne mal, aber ich trau' mich nicht" oder "...da oben wird mir bestimmt schwindelig."

Nun ja, wenn sich jemand partout nicht vom Erdboden bewegen möchte, dem kann man nicht helfen, aber jenen die Zweifel in sich tragen, möchte ich hiermit das noch Unbekannte ein wenig näher bringen.

Ballone haben die Eigenschaft mit dem Wind zu fahren, das heißt eine Beeinflussung der Fahrtrichtung ist nicht möglich, der Landeort ist nach erfolgtem Start ungewiss.

Die Fahrt geht häufig über Städte, Wälder oder Felder. Da der Brenner das Propangas geräuschvoll verbrennt, kommt es gelegentlich zu Situationen, in denen sich Menschen gestört fühlen, Tiere empfindsam reagieren oder Naturschutzgebiete berührt werden. Auch landen Ballone immer auf fremden Eigentum.

Als Ballonpilot ist es mein oberstes Interesse, jedwede Probleme im Vorwege durch umsichtiges Handeln auszuschließen. Nicht immer ist das möglich, daher bitte ich auch auf diesem Wege um Verständnis für das nicht lenkbare Verhalten des Ballons. Bitte tragen Sie als Leser und Ballonfreund auch dazu bei, damit uns allen die 'bunten Kugeln' am Himmel weiterhin zum freudvollen Betrachten anregen.

Ballonfahren ...das sanfte Abenteuer

"Über den Wolken,... muss die Freiheit wohl grenzenlos sein..."

Wer wollte nicht schon einmal dieses Gefühl selbst erleben oder erfahren? Ballonfahren ist eines der letzten romantischen Abenteuer unserer Zeit. Der Traum über den Dingen durchs Luftmeer zu gleiten wurde vor rund 200 Jahren (1783) mit der Erfindung der Montgolfiere verwirklicht. Heutzutage kann sich jeder diesen Wunsch erfüllen und den Alltag, das Irdische hinter sich, besser unter sich lassen und aus der Distanz zu neuen Ansichten und vielleicht auch Einsichten kommen. Raum, Zeit und Farben verschmelzen zu einem unvergesslichen Eindruck der Sinne.

Für den einen ist es der Nervenkitzel ohne optische Begrenzung in luftige Höhe aufzusteigen, für den anderen ist es die Verwirklichung von Freiheit. Jeder der schon einmal Ballon gefahren ist, weiß um das Gefühl nahezu schwerelos und ohne merkbare Beschleunigung aufzusteigen.

Wer meint der Korb würde schaukeln liegt falsch. Im Ballonkorb ist es völlig windstill, denn der Ballon nimmt ohne Widerstand sanft die Geschwindigkeit des Windes auf.

Auch glauben viele, sie müssten sich besonders warm anziehen. Die Wärmeabstrahlung des Brenners und die Windstille im Ballonkorb wirken der Temperaturabnahme mit der Höhe entgegen, so dass es im Normalfall wärmer wird als am Boden. Man muss mit einer gefühlten Temperaturzunahme von fünf bis zehn Grad Celsius rechnen. Erst ab Höhen über 1.000 m wird es spürbar kalt, im Normalfall fahren Ballone aber maximal 150 bis 500 m hoch.

Ballonfahren ist fast jedem möglich, eine Altersbegrenzung gibt es nicht (Kinder sollten mindestens 1,30 m groß sein, damit sie über den Korbrand gucken können). Ein normaler gesundheitlicher Zustand ist die einzige Voraussetzung.

Ein weit verbreiteter Irrtum ist auch, dass einem im Ballonkorb schwindelig werden könnte. Dies ist nahezu ausgeschlossen, da das menschliche Auge gekoppelt mit dem Gleichgewichtssinn, nicht irritiert wird, wie es vielleicht der ein oder andere kennt, wenn er im siebten Stock vom Balkon herunter schaut. Dazu später mehr.

Fahren oder Fliegen?

Historisches

Die einem Ballonpiloten am häufigsten gestellte Frage ist mit Sicherheit diese: "Warum heißt es eigentlich Ballonfahren, der Ballon fliegt doch in der Luft?"

Piloten pflegen in der Regel mit einer Gegenfrage darauf zu antworten: "Haben Sie schon mal einen Ballon mit Flügeln gesehen?"

Und so lapidar die Erwiderung auch klingt, etwas wahres ist daran. Im folgenden werden Ihnen Erklärungen angeboten, die Sie davon überzeugen werden, dass Ballone nicht fliegen können, selbst wenn sie Flügel hätten.

Als vor rund 220 Jahren das Heißluftprinzip durch die Gebrüder Montgolfier spektakulär in Szene gesetzt wurde, schien der Menschheitstraum vom Fliegen endlich in Erfüllung gegangen zu sein. Die Ballonhüllen waren in den Anfängen aus Leinen, Papier oder anderen Stoffen gefertigt, der Auftrieb wurde durch das Verbrennen von Stroh, Holz, Kohle, auch Schafwolle und ähnliches erzeugt.

Die Menschen waren seinerzeit der Meinung der sichtbare Rauch wäre das tragende Element, so dass sie Öle und Fette beimengten, um möglichst viel Qualm zu erzeugen - dass es die heiße, leichtere Luft war, die den Ballon in die Lüfte hob, entdeckten diejenigen, die sich mit der Gasdichte beschäftigten.

Sie merken schon, fliegen hat mit dem, was die Leute dort anstellten, wenig zu tun, oder haben Sie schon einmal einen brennenden aufgeblähten Vogel fliegen sehen? Jedenfalls nicht lange. Spaß beiseite!

Zeittafel

1512 Leonardo da Vinci beschäftigt sich mit Flugmaschinen, Heiligenfiguren schweben getragen von heißer Luft.

1783 Die Gebrüder Montgolfier lassen am 5. Juni erstmals öffentlich einen unbemannten Heißluftballon in Annonay bei Lyon aufsteigen.

1783 19. September: Ein Hahn, ein Schaf und eine Ente werden in einer Montgolfiere gestartet.

1783 21. September: Erster Freistart von Menschen (Rozier und d'Arlande) in einer Montgolfiere, Landung nach 25 Min.

1783 Prof. Charles und Robert steigen in Paris mit einem Gasballon zu einer zweistündigen Fahrt über 36 km auf.

1870 wurde der 2.000 m³ Leuchtgas fassende Ballon von der französischen Armee zu Spionagezwecken gegen die deutsche Armee eingesetzt.

1785 Erste Todesopfer der Luftfahrt. Rozier, der erste Mensch am Himmel, wollte den Ärmelkanal mit einer Kombination aus Heißluft- und Gasballon überqueren. Die "Roziere" explodierte kurz nach dem Start.

1897 Andreé - Expedition im Gasballon zum Nordpol scheitert. Alle Teilnehmer sterben qualvoll an Fleischvergiftung.

1914 Berliner Streckenweltrekord im Gasballon, 3.052 km.

1957 Potthast und Eckert überqueren erstmals an einem Tag die Alpen von Augsburg nach Genua über die Entfernung von 462 km.

1974 Der Brite Nott stellt den Höhenweltrekord für Heißluftballone mit 13.971 m auf.

1978 Abruzzo, Anderson und Newman überqueren erstmals im Ballon den Atlantik.

1999 Erste Weltumrundung im Ballon durch den Briten Brian Jones und den Schweizer Bertrand Picard. Start 01.03.1999. In 19 Tagen, 21 Std. und 47 Min. schafften sie die erste Weltumkreisung ohne Zwischenlandung.

2002 Erste Allein-Nonstop-Weltumrundung durch den Amerikaner Steve Fossett (19.06. bis 03.07.02). Der damalig 60 jährige Abenteurer und Milliardär erfüllte sich damit nach vielen vergeblichen Anläufen einen Lebenstraum.

Aerostatik - Aerodynamik

Sie haben sicherlich bemerkt, dass die Begründung warum Ballone nicht fliegen, auf eine in erster Linie physikalische Erklärung hinausläuft. Vögel und Flugzeuge bleiben in der Luft, weil die durch Luft angeströmten Flügel oder Flugflächen an ihrer Oberseite einen Unterdruck bzw. Sog erzeugen, der der Gesamtmasse zu einem Auftrieb verhilft. Diese Tatsache bezeichnet man als einen aerodynamischen Vorgang.

Im Gegensatz hierzu fehlt dem Ballon jegliche Anströmung, da er ja ein Teil des Windes ist. Er bewegt sich mit dem Wind, nicht gegen den Wind und hat daher keine Anströmung. Ballone schweben in der Luft, weil sie ein Gas einhüllen, welches leichter ist als Luft. Hierzu verinnerlichen Sie bitte den Lehrsatz des Archimedes:

"Gase, die leichter als Luft sind, haben gegenüber der sie umgebenden Luft einen Auftrieb, der gleich dem Gewicht der verdrängten Luftmasse ist".

Was sagt uns das?

Zum Beispiel hat heiße Luft einen größeren Auftrieb als kalte Luft, ein leichteres Gas, wie Wasserstoff einen größeren Auftrieb als heiße Luft. Wenn das der Fall ist, braucht man ein kleinere Menge Wasserstoff als heiße Luft, um das gleiche Gewicht anzuheben. Das ist der Grund, warum Gasballone in der Regel weniger Hüllenvolumen haben als ihre nahen Verwandten, die Heißlüfter.

Es handelt sich beim fahrenden Ballonen also nicht um einen aerodynamischen sondern um einen aerostatischen Vorgang. Insofern können Ballone nicht fliegen.

Warum fahren sie nun aber?

Ehrlicherweise ist es nur im deutschsprachigem Raum üblich vom Ballonfahren zu sprechen. Ihnen sind sicherlich Ausdrücke wie Luftfahrt, Luftfahrzeug oder Luftschiff bekannt.

Die ersten Luftfahrzeuge waren nun einmal die Ballone und bis dahin waren Schiffe die einzige Möglichkeit große Distanzen, besonders auf den Weltmeeren zu überbrücken. Als es darum ging, das Luftmeer zu erobern, lehnte man sich an diese Ausdrucksweise an und fortan fuhren Ballone durchs Luftmeer.

Letztendlich hat sich diese traditionelle Ausdrucksweise erhalten, insbesondere den frischgebackenen Ballonfahrern wird es in der Taufzeremonie freundschaftlich eingebläut.

Ballonarten

Der Gasballon (Charliere)

Der Gasballon war das erste Luftfahrzeug, mit dem Langzeit- wie auch Langstreckenfahrten möglich wurden. Er hat im Normalfall ein Hüllenvolumen von 600 bis 900 m^3 und besteht im wesentlichen aus drei Segmenten.

Das Hüllenmaterial eines Gasballons besteht aus einem beidseitig gummibeschichteten Baumwollstoff. Um eine optimale Dichtigkeit zu erreichen, sind die einzelnen Hüllenbahnen untereinander verklebt und vernäht.

Das meistverwendete Traggas ist Wasserstoff, zwar in Verbindung mit Sauerstoff hochexplosiv, dafür relativ preiswert und im Gegensatz zu Helium einfacher verfügbar. Die leitfähige Innenbeschichtung der Gasballonhülle hat die Aufgabe die elektrostatische Aufladung gleichmäßig über die gesamte Fläche zu verteilen. Beim Zusammenpacken der noch mit Restgas gefüllten Hülle, ist es in der Vergangenheit gelegentlich zu Verpuffungen gekommen, d.h. das Gasgemisch Wasserstoff-Sauerstoff hat sich entzündet. Schon ein elektrostatisch aufgeladener Wollpullover könnte an der Hülle einen Funken erzeugen. Heutzutage verhindern die Erkenntnis und Vorsichtsmaßnahmen derartige brenzlige Situationen.

Alle leitenden Teile der Ballonhülle sind so miteinander verbunden, dass an keiner Stelle ein elektrischer Funke überspringen kann.

Die Luftschiffkatastrophe der Hindenburg in Lakehurst/USA ist uns allen in Erinnerung und hat seinerzeit ein Trauma in der weltweiten Luftschifffahrt ausgelöst. Zurzeit arbeiten einige wenige Hersteller an der Wiederbelebung der gasgefüllten Boliden von damals. In Friedrichshafen am Bodensee werden deshalb heliumgefüllte Last- und Passagierluftschiffe, ohne Skelett wie es die damaligen Luftschiffe hatten, getestet. Man nennt diesen Luftschifftyp Pralluftschiff.

Zurück zum Gasballon: Zum dosierten Ablassen des Gases, zwecks Einleitung eines Sinkvorganges, wird im Top der Hülle ein Ventil geöffnet, das bei Bedarf auch wieder geschlossen werden kann. Will der Pilot die Endlandung einleiten und eine komplette Entleerung der Hülle vornehmen, steht ihm die Reißbahn zur Verfügung. Bei Funktionsausfall ist der Ballon zusätzlich mit einer Notreißbahn ausgerüstet.

Will der Pilot den Ballon zum Steigen bringen, wirft er Ballast in Form von Sand oder Wasser ab.

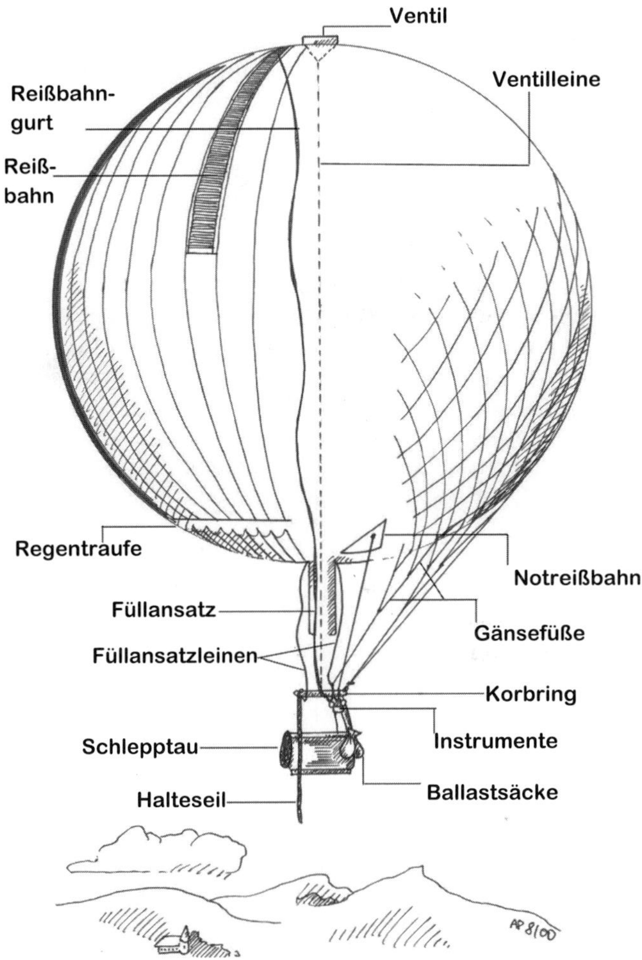

Funktions-Skizze eines Gasballons

Im untersten Bereich ist der Füllansatz zu finden. Er dient nicht nur dem Befüllen der Hülle mit dem Traggas, sondern auch zum Druckausgleich beim Steigen in größere Höhen. Da der Luftdruck mit der Höhe abnimmt, dehnt sich das Traggas aus. Damit die Hülle nicht platzt, bleibt der Füllansatz immer geöffnet, so dass Gas entweichen kann. Der Ballonmeister befüllt die Ballonhülle vor dem Start nur zu ca. 80 %, damit sich das Gas bis zur Prallhöhe in der Hülle ausdehnen kann und so wenig wie möglich unnötig entweicht. In Bodennähe sehen die Ballonhüllen daher immer etwas unförmig aus.

Ein Netz, das die Ballonhülle umgibt und über den Korbring die Verbindung zum Ballonkorb darstellt, verteilt die Belastung gleichmäßig auf die Hülle. Es besteht in der Regel aus Langhanf. Heutzutage werden die Netzballone mehr und mehr von netzlosen Ballonhüllen abgelöst.

Der Ballonkorb bietet mit ca. 2 bis 2,5 m² Fläche ausreichend Platz für drei bis vier Personen und der notwendigen Ausrüstung. Seit den Anfängen der Luftfahrt hat sich Weidengeflecht, das durch Manilarohr versteift wird, als flexibles, robustes und wartungsfreundliches Material bewährt.

Am Korb ist ein Schlepptau befestigt, das bei Bedarf zum Abbremsen und Ausrichten des Ballons dient, im Notfall auch als Ballast.

Der Heißluftballon (Montgolfiere)

Ein durchschnittlicher Heißluftballon hat ein Hüllenvolumen von 3.000 m³ und kann bei Außentemperaturen bis 20° vier Personen sicher transportieren. Auch der Heißluftballon besteht im wesentlichen aus drei Teilen.

▶ Die Hülle ist aus polyurethanbeschichteten Nylonstoff mit Ripstopgewebe der nicht nur relativ leicht und reißfest ist, sondern auch temperaturbeständig bis ca. 110°C, silikonbeschichteter Hyperlifestoff sogar bis 140°C. Neuerdings werden auch Polyesterstoffe angeboten, deren Maximaltemperatur bei 124°C liegt.

▶ Der Stoff wird in das Skelett der Lastbänder eingenäht. Die Anzahl der Lastbänder bestimmt die Wölbungsstärke der einzelnen apfelsinenförmigen Segmente. Werbeballone haben eine hohe Anzahl, um eine Glättung der Ballonhülle und damit eine optimale Lesbarkeit der Aufschrift zu erreichen.

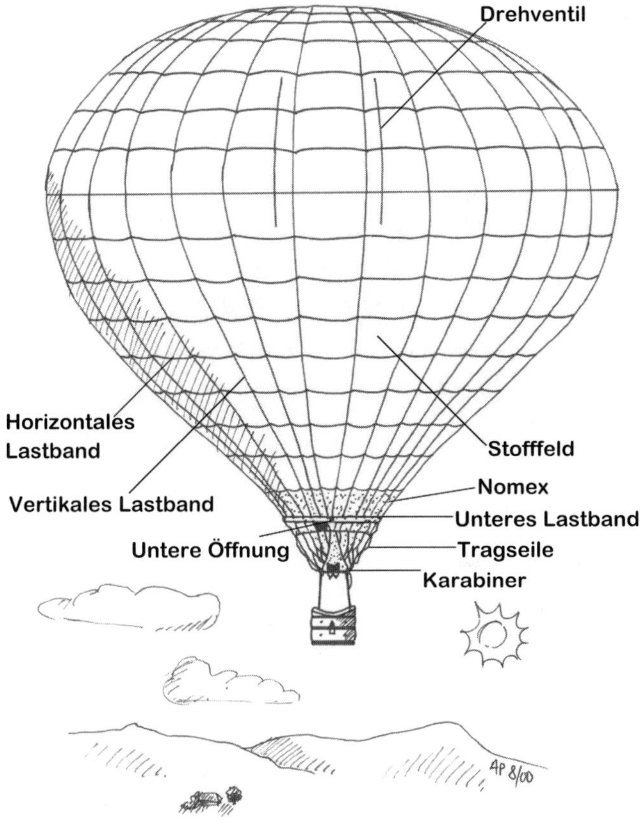

Aufbau eines Heißluftballons

▶ Im Top befindet sich eine große Öffnung, die von innen durch eine überlappende Stofffläche verschlossen wird. Der sogenannte Parachute, aber auch jedes andere Entleerungsventil, dient dem dosierten Ablassen heißer Luft, um den Sinkvorgang einzuleiten, das ungewollte Steigen zu reduzieren oder eine endgültige Entleerung zum Zwecke der Landung zu erreichen.

▶ Bei gewerblich eingesetzten Ballonen müssen zudem noch Drehventile seitlich in die Hülle eingelassen sein. Der Pilot benutzt diese, um den Ballonkorb für die Landung auszurichten.

▶ Im Brennerbereich besteht die Ballonhülle aus einem schwer entflammbaren Stoff, wie er auch für Rennfahrerkombis verwendet wird, dem kevlardurchzogenen Nomex.

▶ Die Auslaufleinen der Lastbänder sind ein bis zwei Meter lange Tragseile. Sie bestehen aus nichtrostendem Stahl und stellen die Verbindung zwischen Hülle und Korb dar.

☺ Der Heißluftballonkorb unterscheidet sich vom Gasballonkorb dadurch, dass das Geflecht durch ein Gerüst aus Aluminium, bei größeren Körben zusätzlich noch Stahlstreben, verstärkt wird. Stahlseile, die durch den Boden verlaufen, münden in den Brennerrahmen, an dem sie durch Karabiner mit den Tragseilen der Ballonhülle verbunden sind. Ansonsten ist der Korb aus dem gleichen Material wie der Gasballonkorb gefertigt, je nach Hersteller mit oder ohne starrer Bodenplatte.

▶ Der Brenner, das Herzstück des Systems, wird mit Propangas gespeist und kann, bedingt durch seine Konstruktion, eine enorme Hitze erzeugen. Das flüssige Propan wird über Schläuche aus den im Korb befindlichen Gaszylindern in die Verdampferspiralen geleitet, dort erhitzt und druckerhöht. So pressiert, schießt eine bis zu sechs Meter hohe Flamme in das Hülleninnere.

▶ Die Geräuschentwicklung hierbei ist jedem bekannt, der schon einmal in der Nähe eines Heißluftballons gestanden ist. Damit die Brennerflamme ausreichend schnell entzündet wird, brennt die Zünd- oder Pilotflamme permanent. Sie funktioniert nach dem Bunsenbrenner-Prinzip.

▶ Der Heißluftballon wird durch zunehmende Erhitzung der Hüllenluft ins Steigen durch Abkühlung derselben ins Sinken gebracht. Die Fahrzeit ist demnach abhängig von der mitgeführten Propangasmenge.

Die Roziere

Wer die jüngsten und auch erfolgreichen Anstrengungen einer Weltumrundung im Ballon verfolgt hat, wird sich an die seltsamen Formen der Ballonhüllen erinnern. Nun haben die auf Höchstleistung getrimmten Materialien nur wenig mit denen gemeinsam, die üblicherweise verwendet werden. Die hierfür genutzten Prinzipien die Schwerkraft zu überlisten, sind aber immer noch die gleichen, wie zu Beginn der Luftfahrt.

▶ Neben Gas- und Heißluftballonen hat sich für extrem lange Ballonfahrten die Kombination aus beiden bewährt. Einfach gesagt: Die Roziere ist ein Gasballon über den eine Hülle gestülpt ist, deren Luftinhalt bei Bedarf erhitzt wird. Es handelt sich bei dem Traggas natürlich nicht um den in Verbindung mit Sauerstoff hochexplosiven Wasserstoff, sondern um das nicht brennbare Helium.

▶ Um in verschiedenen Höhen ohne Ballastprobleme fahren zu können, hat sich die Tragkraft-Beeinflussung durch Erwärmung und Abkühlung des Heliums bewährt.

▶ Ballast ist das A und O bei gasgefüllten Ballonen. Beim Abfangen eines Sinkvorganges wird Ballast in Form von Sand oder Wasser abgeworfen. Der Pilot muss immer genügend Reserveballast zum Regulieren der Fahrhöhe in der Endlandephase vorhalten. Andernfalls müsste er, nachdem alle "unwichtigen" Teile schon über Bord gingen, die wertvollere Ausrüstung wie Funkgeräte oder Instrumentierung opfern. Diese Szenen sind hinlänglich aus Filmen bekannt und beflügeln heute noch die Fantasie der Balloninteressierten, sogar in Verbindung mit Heißluftballonen, die ja keinen extra Ballast mit sich führen.

Im Folgenden wird sich dieses Buch in erster Linie mit dem Heißluftballon (kurz HLB) beschäftigen.

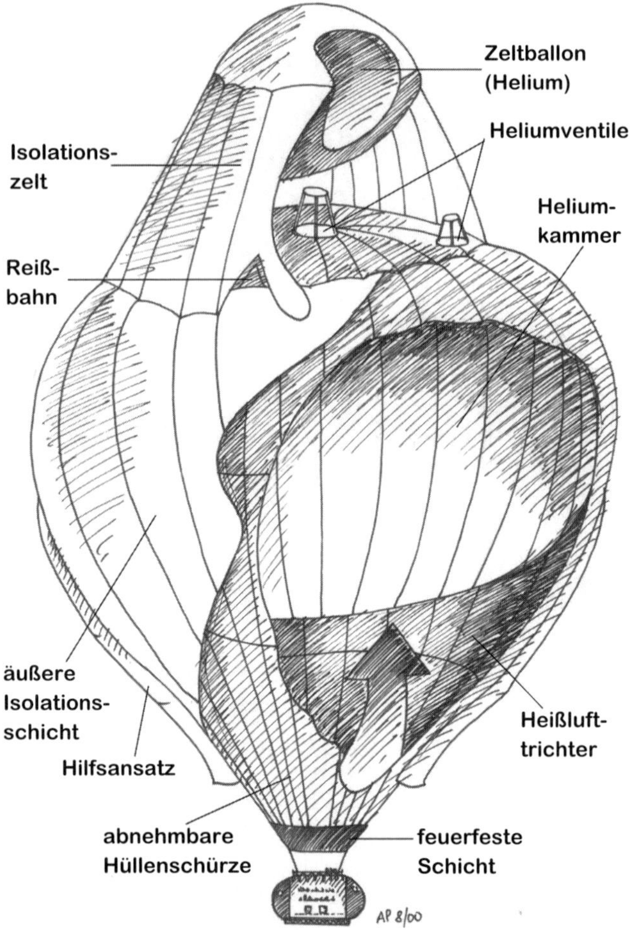

Aufbau einer Roziere

Aufbau und Wartung eines HLB

Hülle

Ich habe schon erwähnt, dass die HLB-Hülle aus einem polyurethanbeschichtetem Nylon- oder/und (silikonbeschichtetem) Polyesterstoff besteht. Der Stoff wird in einzelnen Segmenten untereinander und an den Lastbändern zusammengefügt, was den Vorteil hat, dass ein Riss immer nur bis zur nächsten Naht bzw. bis zum nächst angrenzenden Lastband erfolgen kann. Die vertikalen Lastbänder laufen nach oben in den Kronenring, nach unten münden sie in die Tragseile. Die horizontalen Lastbänder geben dem Netzwerk zusätzlich Sicherheit.

HLB werden einmal jährlich in einem Luftfahrzeug-Technischen-Betrieb (LTB) von Prüfern zur Aufrechterhaltung der Lufttüchtigkeit begutachtet und geprüft. Die Prüfer Klasse 3 sind von der beaufsichtigenden Behörde, dem Luftfahrtbundesamt, eingesetzt und berechtigt die Jahresnachprüfung, sowie bei gewerblich eingesetzten HLB die zusätzlich geforderte 100-Std.-Nachprüfung durchzuführen. Hierbei wird der Stoff auf Luftdurchlässigkeit und Reißfestigkeit untersucht, die Tragseile (Verbindung der Hülle mit dem Ballonkorb), Lastbänder, Ventilleinen, etc. werden auf ihren Zustand untersucht. Sollten Teile als reparaturbedürftig eingestuft werden, müssen die Mängel vor der nächsten Ballonfahrt durch einen LTB beseitigt werden.

Näharbeiten werden nach vorgeschriebenen Verfahren ausgeführt. so dass höchstmögliche Sicherheit im Gebrauch dieses leichtluftig anmutenden Materials gewährt ist. Als Entleerungsventile kommen zur Zeit folgende Systeme in Frage:

- Die Reißbahn ist ein mittels Klettband verschlossenes Hüllenstück, das zur Endlandung irreversibel aufgezogen wird und hauptsächlich bei Ballonsonderformen zur Anwendung kommt.

- Der Parachute ist ein durch den Innendruck anliegendes, die obere Hüllenöffnung leicht überlappendes, meist rundes Stoffstück, das mit einer Leine bis zu einem bestimmten Punkt aufgezogen werden kann und danach selbständig wieder schließt.

- Schnellentleerungssysteme erfreuen sich heute immer größerer Beliebtheit und sind für gewerbliche Ballone sogar vorgeschrieben. Wenn der Parachute sich wie ein Segel gegen den Innendruck der Hülle stemmt und beim Ziehen relativ großflächig ins Hülleninnere wandert, so bieten Schnellentleerungssysteme beim Ausströmen der heißen Luft sehr viel weniger Widerstand und Hindernisfläche. Die Modelle reichen von dreieckförmigen Stofflappen bis zu Systemen die den Stoff sehr klein zusammenraffen und bei Bedarf auch wieder bis zur ursprünglichen Größe entfalten können

Ballongrößen

Ein N-Ballontyp hat 24 oder 31 Lastbänder. Die Wölbung der einzelnen Vertikalsegmente ist verhältnismäßig klein und daher als Werbefläche gut geeignet. Im folgenden einige N-Größen mit Angabe des Luftvolumens und der maximalen Anzahl der Passagiere:

N-31	890 m^3	1 Person
N-42	1.190 m^3	2 Personen
N-56	1.590 m^3	3 Personen
N-77	2.190 m^3	4 Personen
N-90	2.550 m^3	5 Personen
N-105	2.970 m^3	6 Personen
N-120	3.400 m^3	7 Personen
N-140	3.950 m^3	8 Personen
N 160	4.350 m^3	9 Personen
N-180	5.100 m^3	10 Personen
N-210	5.930 m^3	12 Personen

Die tatsächlich zugelassene Anzahl der Personen richtet sich in Deutschland nach der Korbgröße, genauer gesagt der Standfläche (0,3 m^2 Standfläche pro Person, 0,1 m^2 pro Gaszylinder).

Ballontypen

Je mehr Vertikal-Lastbänder in einer Hülle vernäht sind, desto flacher und damit lesbarer wird die Wölbung bei Werbebotschaften.

V-Typ 8 Lastbänder, **O-Typ** 12 Lastbänder,
N-Typ 24 oder 32 Lastbänder

Korb

▶ HLB-Körbe sind in der Regel aus Weidengeflecht mit durchgeflochtenem Boden oder einer Sperrholz-Bodenplatte versehen. Zur Verstärkung, zum Schutz des Bodens und Verbesserung der Bremswirkung in der Landephase, sind an der Unterseite 3 bis 4 Schleifleisten angebracht.

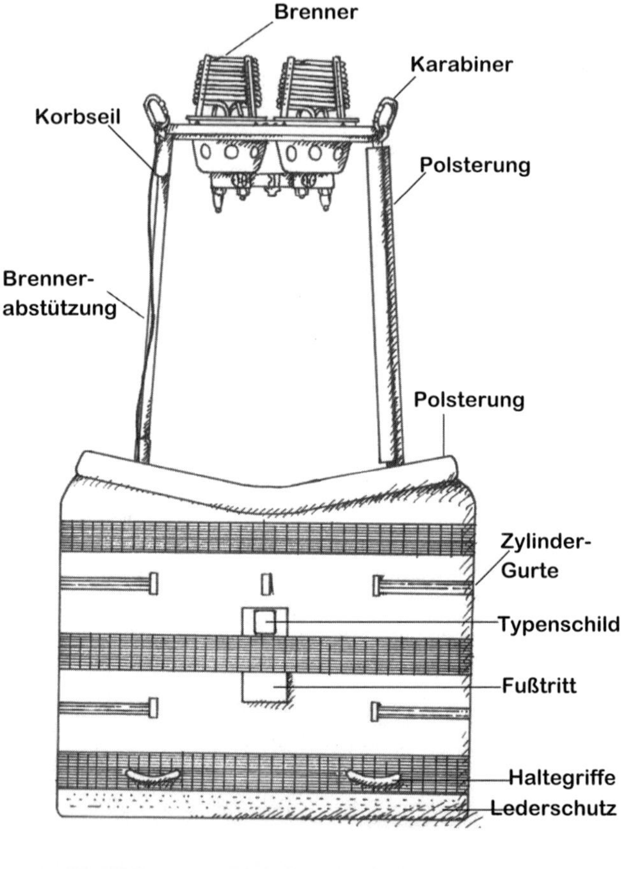

▶ Gegen Abrieb und Zerstörung des Weidengeflechts ist der untere Korbrand in getrocknetes Leder eingefasst.

▶ Die Stabilität wird durch den umflochtenen Stahl- seltener durch einen Aluminium-Rahmen erreicht. Körbe können je nach Größe und Einsatzzweck unterschiedlich unterteilt sein.

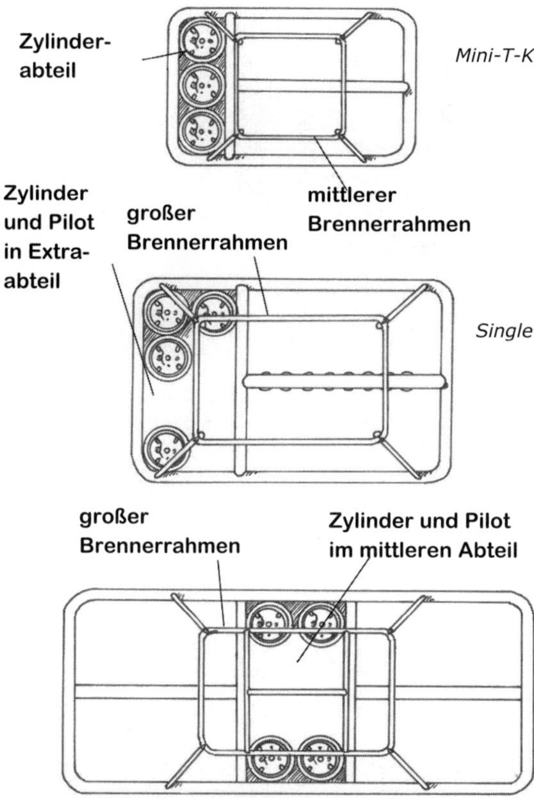

Mini-T-Korb

Single-T-Korb

Double-T-Korb

- 2 bis 4 nicht rostende Korbseile sind im Geflecht um den Korb herumgeführt und münden am Brennerrahmen, der die Schnittstelle zwischen Korb und Hülle darstellt. Hier werden die Tragseile der Hülle mit den Korbseilen durch einen, bei großen Körben auch zwei, Karabiner (mind. 2,4 t Bruchlast) verbunden.

- Der obere Korbrand hat eine Glatt- oder Veloursleder-Einfassung. Nylonstäbe zur Aufnahme des Brennerrahmens werden in Hülsen in den Korbrand gesteckt. An ihnen entlang verlaufen die Korbseile und die Propangasschläuche. Aus Sicherheitsgründen werden sie mit gepolsterten Ledermanschetten ummantelt

- Die ersten HLB waren ohne Nylonstäbe ausgestattet, so dass den Piloten bei dem Landestoß regelmäßig der Brenner auf den Kopf fiel. Man behalf sich mit kopfschützenden, helmähnlichen Konstruktionen bevor die Idee, Abstandhalter einzubauen, geboren wurde.

Brenner

- Jeder HLB ist aus Sicherheitsgründen mit mindestens einem Doppelbrennersystem ausgestattet. Der Brenner dient zum Erhitzen der Luft in der Ballonhülle; jeder einzelne hat eine Leistung von ca. 3.000 kW.

- Das Propangas wird durch Schläuche in den Brennerblock geleitet, durch Verdampferspiralen und Düsenkranz geführt und anschließend mittels der ständig brennenden Pilotflamme gezündet.

- Auf dem Weg dorthin bestimmt das Fahrventil die Durchflussmenge und damit die Länge des Heizintervalls. Je nach Größe der Ballonhülle werden bis zu 4 Brenner eingesetzt.

- Da Propangas die Eigenschaft hat, sich bei zunehmender Temperatur auszudehnen, sind Sicherheitsgrenzen bezüglich Über- und Unterdruck unerlässlich. Der Gasdruck im Brennerblock darf nicht unter 3 oder über 12 bar liegen.

▶ Ein Druckmesser (Manometer) zeigt dem Piloten, ob das System einwandfrei und innerhalb der Betriebsgrenzen arbeitet.

▶ Damit jederzeit eine Entzündung der Hauptflamme stattfinden kann, brennt fortwährend die Pilotflamme, die ihrerseits mittels Piezozünder entfacht werden kann. Falls diese Dauerflamme einmal streikt, führt der Pilot sicherheitshalber eine Notzündquelle (Piezozünder oder Feuerzeug) mit sich.

☺ An diesen Ausführungen erkennt man unschwer, wie hoch die Sicherheitsstandards sind. Ein kompletter Brennerausfall ist unter normalen Bedingungen nahezu ausgeschlossen.

Probleme treten gelegentlich in sehr großen Höhen oberhalb 6.000 m MSL, z.B. bei Alpenüberquerungen, durch Vereisung oder Sauerstoffmangel auf. Im gewerblichen Bereich sind zudem mindestens zwei unabhängig voneinander arbeitende Brennerblöcke vorgeschrieben.

Ausrüstung

Neben der Hülle, Korb und Brenner gehören folgende Gegenstände zur Ausrüstungsliste eines HLB:

- **Gaszylinder**: Mit Propan gefüllte Treibstoffbehälter aus Aluminium, Titan oder am häufigsten aus Edelstahl.
- **Höhenmesser**: Misst die Höhe des Ballons über Grund oder Druckflächen basierend auf der Luftdruckänderung in der Atmosphäre. Der Luftdruck nimmt mit zunehmender Höhe ab.
- **Variometer**: Setzt die Trägheit der Masse mit der Luftdruckveränderung in der Höhe in Bezug und misst so das Steigen oder Sinken des Ballons in Meter pro Sekunde.
- **Hüllenthermometer**: Misst die Temperatur im Top der Hülle zur rechtzeitigen Erkennung von Überhitzung des Stoffes. Mittlerweile ist eine drahtlose Übertragung üblich.
- **UKW-Sende-Empfangsgerät**: Luftfunkstelle, die den Funkkontakt zu Flugsicherungsstellen und zum Verfolger am Boden ermöglicht.

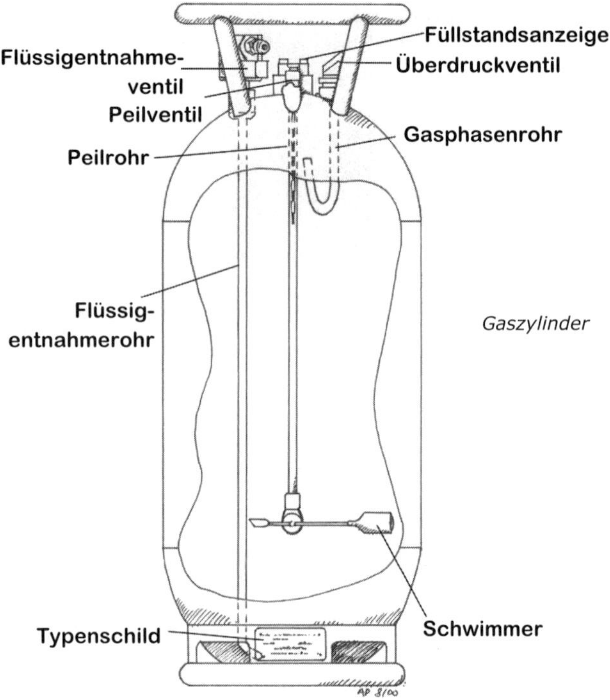

Gaszylinder

- **UKW-Sende-Empfangsgerät im Verfolger-Kfz**: Bodenfunkstelle, die ermöglicht, Funkkontakt zum Piloten herzustellen um Navigationshilfe für die Verfolgung am Boden abzufragen.
- **Kompass**: Hilft neben der terristischen Navigation zur Orientierung in der Luft und am Boden.
- **Handfeuerlöscher**: 2 kg Feuerlöscher sind für die Bekämpfung von Bränden an Bord vorgeschrieben.
- **Erste-Hilfe-Verbandkasten**: Im gewerblichen Bereich üben die Piloten alle zwei Jahre in Auffrischungskursen des Roten Kreuzes den Umgang mit Verletzten und Verletzungen.
- **Startvorrichtung**: Verhindert beim Aufrüstvorgang das unkontrollierte Starten des Ballons.

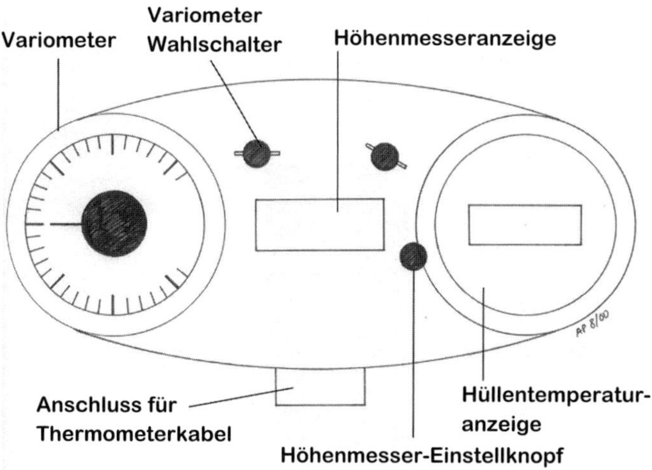

- **Windmesser**: Stellt neben der meteorologischen Beratung eine zusätzliche aktuelle Erkenntnisquelle über die Windgeschwindigkeit dar.
- **Notzündquelle**: Wird zum Wiederzünden der Pilotflamme benutzt.
- **Ggf. GPS**: Ein satellitengestütztes Navigationssystem, das dem Piloten die exakte Position, Fahrtgeschwindigkeit und Fahrtrichtung, Entfernungen und Richtung zu gewünschten Zielen, sowie weitere nützliche Informationen gibt.

Gewerblich zusätzlich

- **Thermometer am Startplatz**: Die Außentemperatur und der Luftdruck wird zur Tragkraftberechnung benötigt. Bei hohen Außentemperaturen besteht die Gefahr einer Überhitzung der Ballonhülle, so dass zum Ausgleich das Abfahrgewicht reduziert werden muss.
- **Entlüftungsdorn**: Das Flüssiggasentnahmeventil am Gaszylinder sollte immer entspannt sein, da bei hohen Außentemperaturen ein großer Druck auf dieses Ventil entstehen kann. Es kann hierbei zu unkontrolliertem Austreten des leicht entflammbaren Propangases kommen.
- **Feuerlöschdecke**: Eine zusätzliche Brandschutzmaßnahme

Teil eines Brenners

- **Feuerhemmende Handschuhe**: Bieten im Brandfall dem Piloten Schutz und damit die Möglichkeit den Brand zu bekämpfen.
- **Ersatz O-Ringe**: An Verbindungsstellen von Ventilen (z.B. Brennerschlauch-Verbindung zum Gaszylinder) nutzen diese ab und begünstigen Leckagen.
- **Kappmesser**: Zum Durchtrennen von Leinen, die mit normalen Mitteln nicht in Position gebracht werden können. (z.B. wenn sich in der Landephase eine Ventilleine im Geäst eines Baumes verfängt).
- **Ersatzbatterien**: Höhenmesser, Hüllenthermometer und Variometer werden in der Regel elektrisch versorgt.
- **Erforderliches Werkzeug**: Für kleinere Reparaturen
- **Ggf. Transponder**: Ein Flugsicherheitgerät, dass ein Signal aussendet und in Flughafennähe den Ballon beim Kontroller auf dem Bildschirm erscheinen lässt. Es gibt Transponder mit Höhencodierung, die die Höhe des Luftfahrzeugs gleichzeitig übermittelt.
- **Weitere Erste-Hilfe-Ausrüstung** und ein **weiteres Paar feuerhemmende Handschuhe** in Körben für 11 bis 19 Insassen.

Dokumente und Unterlagen

- **Bordbuch**: Enthält sämtliche das Luftfahrzeug betreffende Aufzeichnungen wie: Anzahl der Betriebsstunden, Anzahl der Insassen, Reparaturen etc.
- **Fahrtenbuch**: Der Pilot zeichnet hier jede Ballonfahrt auf
- **Betriebshandbuch** des Herstellers: Beschreibt sämtliche Teile des Ballons, Betriebsgrenzen, Wartungs- und Reparaturanleitungen.
- **Eintragungsschein** ist der " Kfz-Brief " für Luftfahrzeuge
- **Lufttüchtigkeitszeugnis** ist die Zulassung des Luftfahrzeuges zum Luftverkehr. Beide Dokumente stellt das Luftfahrt-Bundesamt Braunschweig aus.

- **Nachprüfschein**: Ist die Bestätigung der erfolgreichen jährlichen Zustandsüberprüfung durch einen Prüfer des Luftfahrtbundesamtes. Gewerblich zugelassene Ballone werden außerdem alle 100 Std. zusätzlich überprüft.
- **Luftfahrerschein**: Der Pilot erwirbt nach erfolgter Ausbildung die Berechtigung ein Luftfahrzeug zu führen. Sie wird von der Landesluftfahrtbehörde bis auf Widerruf ausgestellt.
- **PPL-D Lizenz**: Diese Lizenz berechtigt den Piloten Ballone zu führen (PPL-B z.B. Segelflugzeuge). Die Lizenzverlängert sich automatisch, wenn der Pilot fliegertauglich ist und eine Mindestanzahl von Ballonfahrten nachweist.
- **Genehmigung der Luftfunkstelle**: Funkgeräte die in Luftfahrzeugen und in Verfolger-Kraftfahrzeugen betrieben werden sind zulassungs- und gebührenpflichtig.
- **Ggf. Allgemeine Außenstarterlaubnis**: Die Landesluftfahrtbehörde stellt bei entsprechender Qualifikation Ballonfahrern eine Erlaubnis aus, unter bestimmten Auflagen an Plätzen, die nicht generell für Ballonstarts

Vor dem Start wird alles genau geprüft

zugelassen sind, aufzusteigen. Mit Eigentümergenehmigung und Benachrichtigung der nächsten Ordnungsbehörde sind auf diese Weise Außenstarts möglich.

- **Ggf. gesonderte Starterlaubnis**: Bei Startorten, die nicht durch die Allgemeine Außenstartgenehmigung abgedeckt sind (z.B. innerstädtisch oder auf Veranstaltungen), muss eine gesonderte kostenpflichtige luftrechtliche Genehmigung der Landesluftfahrtbehörde vorliegen.
- **ICAO Karte**: Navigationskarte, auf der für die Luftfahrt relevante Informationen über Lufträume, Funkfrequenzen, international gültige Flugverfahren etc. im Maßstab 1:500.000 verzeichnet sind.
- **Navigationskarten**: Der Pilot und der Verfolger am Boden haben das gleiche Kartenmaterial zur Abstimmung der Positionen. Sinnvoll ist ein möglichst kleiner Maßstab, da Ballonfahrten selten weiter als 50 km gehen.
- **Versicherungsnachweis**: Luftfahrzeuge müssen haftpflichtversichert gegenüber Schäden an Dritten und den Passagieren sein.

Gewerblich zusätzlich

- **Genehmigung für Luftfahrtunternehmen**: Die Landesluftfahrtbehörde stellt nach erfolgter Überprüfung dem Ballonunternehmen eine Genehmigungsurkunde aus, die turnusmäßig verlängert werden kann.
- **Alarmplan**: Liste wichtiger Kontaktstellen für den Fall einer Störung oder eines Unfalls.
- **Klarliste Notfälle**: Eine Zusammenstellung der möglichen Notfallsituationen und der richtigen Reaktionsweise darauf.
- **Klarliste Ballonausrüstung**: Die haben Sie bis zu dieser Stelle fast durchgelesen!
- **Klarliste Fahrtvorbereitung**: Der Pilot kann hiermit, einer Checkliste gleich, die notwendigen Fahrtvorbereitungen abgleichen.
- **Fahrbetriebshandbuch** (FBH) und das **Technische Betriebshandbuch** (TBH): Werden im Verfolgerfahrzeug des Luftfahrtunternehmens mitgeführt. Das FBH ist eine Zusammenstellung der unternehmensspezifischen und allgemein notwendigen Verfahrensweisen, die mit dem Betrieb der Ballone im Luftfahrtunternehmen zusammenhängen. Das TBH regelt alle technischen Details, von der Beschreibung der Ballone bis zu Wartungsintervallen für einzelne Teile samt Anleitung.

Ein Erlebnisbericht

"Kieler Ballonfahrer überqueren die Alpen im Heißluftballon. Nach einer Fahrtdauer von 3 Std. 40 Min. und einer zurückgelegten Strecken von 165 km war die Tat vollbracht."

Veröffentlichung im Aero Nord 3/2000, Luftsportmagazin

Eigentlich ist die Chance, Europas größtes Gebirge mit dem Heißluftballon zu überfahren, nicht gerade groß, wenn man nur eine Woche Aufenthalt in den Alpen hat. Wir hatten uns im Dezember 1999 mit unserem bewährten Team Christoph, Matthias, Rene und Thomas zum Ballonfahrertreffen in St. Johann, Tirol, gemeldet, in der Hoffnung dem norddeutschen Schmuddelwetter ein Schnippchen schlagen zu können.

Eine Alpennordstau-Situation ließ Ballonfahren tagelang nicht zu, dafür Kamikaze-Rodeln um so besser. Am fünften Tag stellte sich jedoch eine Wetterlage ein, auf die viele Ballonfahrer schon oft gewartet hatten. Der Nordföhn - mit wenig Wind bei Start und Landung und in der Höhe 70 bis 80 km/h von Nord nach Süd. Direkt vor der mächtigen Kulisse des Wilden Kaisers sollte der Start bei nahezu

Anfeuern eines Ballons

Anblick der schneebedeckten Gebirgszüge

Windstille erfolgen. Die Aufregung stand allen Beteiligten ins Gesicht geschrieben. Der Ballonkorb wurde unter Anwendung einer Klarliste mit Gaszylindern (insgesamt 210 kg Propangas), einer 10 Liter-Sauerstoffanlage, einer eigens konstruierten Notzündquelle, GPS-Navigationssystemen, Funk und Kartenmaterial und einer Notausrüstung zum Verweilen im Berg ausstaffiert.

Die Startmasse war bis zum Maximum ca. 800 kg ausgereizt. Ein defekter Gaszylinder musste während der Startphase noch ausgetauscht werden, der Adrenalinausstoß kam einfach nicht zur Ruhe. Um 11:20 stieg der 3.000 m^3 fassende Ballon in den stahlblauen Himmel über St. Johann auf. Christoph und Thomas im Ballon, Matthias und René im bergungssicheren, multifunktionalen, allradgetriebenen, mit Leuchtraketen und Kettenzug versehenen, Panzerstahlplatte verzierten Verfolgerfahrzeug auf dem Weg durch die Fellberger Tauern 'gen Süden.

Nach wenigen Minuten erlosch der Funkkontakt und beide Teams, am Boden wie in der Luft waren auf sich allein gestellt. Wir sollten unsere Freunde erst acht Stunden später wiedersehen. Der Ballon stieg unter gleichmäßigen Brennerstößen bis auf 4.000 m MSL (Meeresspiegel), als uns ein leicht euphorisches Schwindelgefühl erschlich. Wir beschlossen Sauerstoff zu uns zu nehmen, welch eine Geistesaufklarung, die sich da einstellte.

Frohen Mutes stiegen wir weiter, um den Großglockner in 5.839 m bei ca. -35°C zu überfahren. Eine grandiose Szenerie von schneebedeckten Gebirgszügen tat sich vor uns auf. Ab 5.600 m MSL macht der Brenner einige Male Probleme, sprich: die sogenannten Zündflammen gaben wiederholt Ihren Geist auf, so dass die schon erwähnte Notzündquelle zum Einsatz kam.

Ich möchte sagen, und Christoph hat es genauso empfunden, so eine Höhenfahrt in den Alpen ist schon etwas ganz besonderes, ein Wechsel zwischen Adrenalinschüben und grandiosem optischem Genuss, nicht zu vergleichen mit den Ballonfahrten, die wir bisher erlebten. Diverse Brennerausfälle und leichte Turbulenzen am Alpenhauptkamm forderten unsere ganze Konzentration, fahrerisches Geschick und die Fähigkeit zur Selbsteinschätzung ab. Von der Vorbereitung bis zur Bergung war es eine einzige große Erfahrung für uns.

Nach eineinhalb Stunden konnten wir das erste mal die Adria am Horizont sehen. Der Kurs war immer noch ziemlich genau Süd mit 75 km/h, doch der Gasvorrat schrumpfte bedenklich schnell. Eine Fahrt bis Venedig schien bei der Geschwindigkeit unmöglich, also peilten wir Udine an.

Am letzten Gebirgskamm nahe Tolmezzo stiegen wir mit einer Gasreserve ab um einen Landeplatz zu suchen. Von 5.500 m auf 700 m mit 6 m/Sek., das gibt Druck auf den Ohren. Glück hatten wir mit den kommoden Windverhältnissen, Pech allerdings mit dem Landegelände - soweit man sehen konnte nur Bäume. So dümpelten wir eine Stunde herum, bis sich gegen 15:00 eine markstückgroße Lichtung auftat und der Ballon saugend schmatzend bis zum Erdboden durchglitt, ohne Schaden zu nehmen. Der letzte Adrenalinschub verflog und Christoph und ich lagen uns in den Armen.

So was nun? Kein Funkkontakt, Handy-Funkloch! Das nächste Dorf war etwa 3 km eisglatten Serpentinenmarsch entfernt, wie Christoph, der sich zwecks Benachrichtigung unserer Verfolgercrew auf den Weg zum nächsten Telefon machte, später berichtete. Zwei slowenische Waldarbeiter halfen mir in der Zwischenzeit mit Unterstützung einer Maschine deren Kraftausdauer und Untersetzung Matthias später die Tränen der Bewunderung in die Augen trieb, das Ballonequipment auf einen Wirtschaftsweg zu schaffen.

Sie fuhren mich in nur zehn Minuten ins nächste Dorf und nahmen als Dank nur zwei weltbekannte Schokoriegel an. Freundliche Menschen nahmen mich auf und ich erfuhr den Namen unseres Landeortes, Platischis (gesprochen Platiskis) italienseits, nahe der slowenischen Grenze.

Wo war Christoph geblieben? Niemand hier wusste es. Gegen 18:00 betraten drei Uniformierte der Guarda de la financa (Zoll) den Raum mit Christoph im Schlepptau. Noch leichenblass von der haarsträubenden Serpentinenfahrt im Fiat Uno, erzählte er mir von seinem zweieinhalbstündigen Marsch bis zur slowenischen Grenze, von seinen hauptsächlich aus Gesten bestehenden Erklärungsversuchen gegenüber den Beamten, sein Anliegen darzulegen, einen bedeutenden Telefonanruf tätigen zu wollen.

Nun kam es also raus, unsere freundlichen Helfer, die slowenischen Waldarbeiter, hatten im Eifer des Gefechts Christoph in die entgegengesetzte Richtung geschickt. Ein kalorienzehrendes Versehen. Nachdem die Uniformierten unsere Personalien aufgenommen hatten und endlich klar wurde, dass wir harmlose, wenn auch tapfere Ballonfahrer sind und nicht Immigrantenschleuser aus Slowenien, hellte sich auch bei uns die Stimmung auf.

Matthias und Rene hatten wir rasch telefonisch über Landeort und Situation informiert. Unsere Gastgeber Celestina, Fernando und Daniello verwöhnten uns von nun an mit Spaghetti a Oglio, Antipasti, Brot, Käse vom Feinsten und dem besten Rotwein der Welt. Mit Zuprosten und Klönschnack in drei Sprachen vertrieben wir uns die Zeit bis zum Ankommen unserer Freunde gegen 19:30. Ich erspare mir, die nächsten vier Stunden, bis wir abfahrbereit im Auto saßen, im Detail zu schildern, weil es mir sonst von neuem den Muskelkater in die Beine treiben würde.

Nur soviel: Was sich bei dieser Bergung über nur 2 km abspielte, hätte Steven Spielberg zu einer Verfilmung inspiriert. Mehrfach blieb der Beste aller Wagen stecken, mehrfach wurden die Konstruktionen und Materialien zur Bergung der Ausrüstung modifiziert und mehrfach lagen wir mit der Nase im Schnee. Es war Vollmond und zu unserem Glück fehlte nur noch ein heulendes Wolfsrudel. Wir erreichten das Hotel in St. Johann nicht ganz taufrisch gegen 6:00, legten uns zwei Stunden schlafen und wankten leicht verknittert um 9:00 zum Piloten-Briefing, bei dem wir erfuhren, dass an diesem Tag kein Ballonfahrwetter wäre. Ich kann nicht sagen, dass ich darüber enttäuscht war.

Ein dickes Dankeschön unserer Kampfcrew Matthias und Rene, die fast 24 Std. für uns auf den Beinen war.

Ausbildung zum Ballonpiloten

Mit Vollgas nach Dänemark

Meine erste Ausbildungsfahrt war ein Erlebnis, dass ich nie vergessen werde. Der Start erfolgte bei Sonnenaufgang am Kieler Flughafen, schon in 150 m Höhe hatten wir eine Geschwindigkeit von ca. 60km/h Richtung Dänemark. Ein, zwei angedeutete Landeübungen an der Eckernförder Bucht und Schleswig und wenig später waren wir an der dänischen Grenze. Die Einfahrgenehmigung wurde per Funk eingeholt, der Bodenwind nahm indes spürbar zu.

Kurz darauf entschloss sich mein Lehrer zur Endlandung und rammte den Ballonkorb in einen frischgepflügten Acker, dass es nur so staubte. Während der Schleiflandung, (ich lag in Fahrtrichtung unten) wurde ich durch die sich in den Ballonkorb hereinarbeitende Ackerkrume nahezu begraben. Ich fragte mich voller Schrecken, ob wohl jede Ballonfahrt so enden würde. Heute weiß ich, dass das nicht der Fall ist.

Seit dieser ersten Ballonfahrt habe ich wunderbare aber auch spannende Erlebnisse rund um den Ballon gehabt. Damals erfuhr ich (im wahrsten Sinne des Wortes) meine erste Lektion: Halte dich als Pilot immer oberhalb der Erdkruste auf und positioniere dich immer so, dass du zu jeder Zeit reagieren kannst!

Beschauliches Ballonfahren

Die Ausbildung zum Heißluftballonpiloten kann im Ballonsportverein oder bei kommerziellen Luftfahrerschulen erfolgen. Bevor der Aspirant sich zur Ausbildung anmeldet, muss er den Weg zum Fliegerarzt antreten. Hier wird seine körperliche Verfassung, vom Sehvermögen bis zum Lungenvolumen erfasst und die Fliegertauglichkeit festgestellt. Eine weitere Voraussetzung ist das Funksprechzeugnis - die Befähigung sich im Luftverkehr verbal normiert mitzuteilen.

Die Ausbildung besteht aus einem theoretischen und praktischen Teil. In der Regel dauert die Theorie in der komprimierten Form eines Lehrgangs zwei bis drei Wochen. Die Pilotenanwärter werden in den Fächern Luftrecht, Navigation, Meteorologie, Technik und Verhalten in besonderen Fällen geschult und durch die jeweilige Landesluftfahrtbehörde geprüft.

Der praktische Ausbildungsteil besteht aus mindestens 20 Std. Schulungsfahrten mit mind. 50 Starts und Landungen innerhalb der letzten drei Jahre vor Ablegung der Prüfung und einer abschließenden Prüfungsfahrt.

Der Schüler muss Warm- und Kaltfahrten durchführen, damit er das Brennersystem unter verschiedenen Druckverhältnissen und die variierende Tragkraft des Ballons kennenlernt. Nach bestandener Prüfung ist er berechtigt, Ballongrößen bis zu einer zugelassenen Zahl von vier Personen zu fahren.

Bevor er im gewerblichen Bereich, sprich Luftfahrtunternehmen tätig werden darf, muss er mindestens 50 Fahrten nachweisen und für jede anschließende Ballongröße Einweisungsfahrten mit erfahrenen Piloten absolvieren.

Die Erlaubnis für Freiballonführer wird mittlerweile unbefristet erteilt. Sie wird automatisch verlängert, wenn der Pilot seine Fliegertauglichkeit nachweist.

Für Ballonpiloten die in Luftfahrtunternehmen tätig sind gelten die gleichen Bedingungen, indes zusätzliche Auflagen, was die Ausübung ihrer Tätigkeit betrifft. Hier muss der Pilot mindestens drei Fahrten innerhalb der letzten 90 Tage auf dem größten Muster für das er berechtigt ist, nachweisen, um weiterhin gewerbliche Ballonfahrten durchführen zu können.

Gerade in den Wintermonaten ist diese Auflage nur durch Übungsfahrten z.B. im Alpenraum erfüllbar, ansonsten steht eine Überprüfungsfahrt durch einen Sachverständigen an. Zudem ist die Tauglichkeitklasse I seit 2004 vorgeschrieben, was einen erheblichen Mehraufwand und Kosten für die Piloten bedeutet. Das europäische Recht hat hier eine aus Sicherheitsaspekten heraus geschaffene Verschärfung der Anforderungen gebracht, die einigen Piloten die Existenzmöglichkeit genommen hat.

Wetter

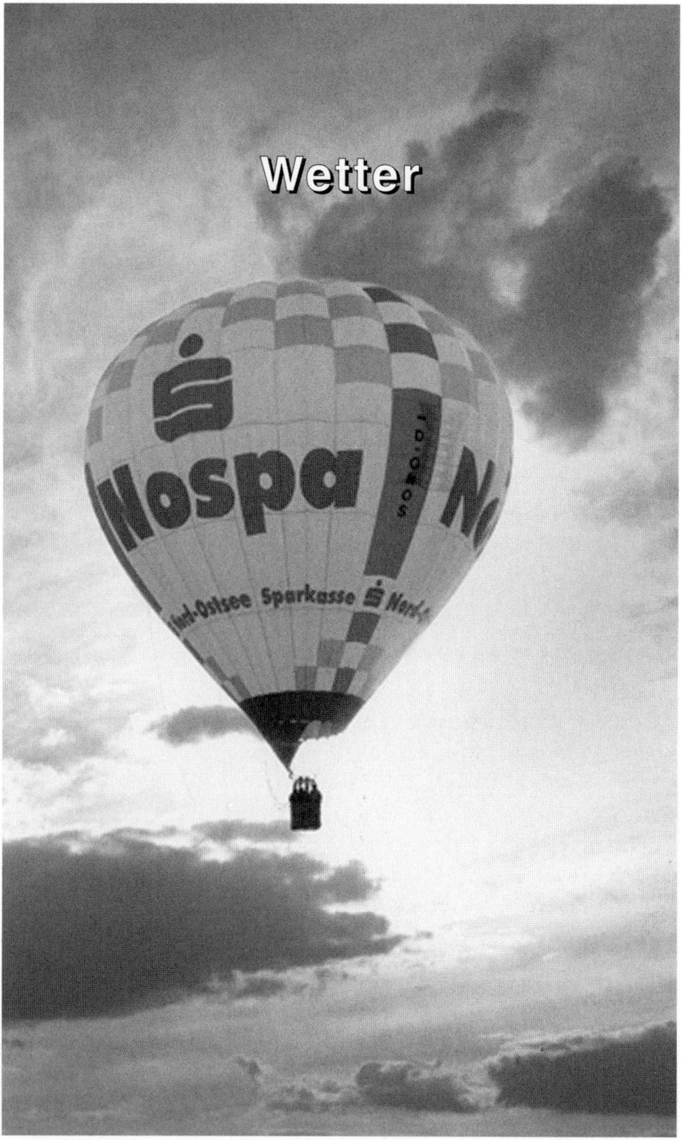

Da Ballone weitaus empfindlicher als andere Luftfahrzeuge auf Witterungseinflüsse reagieren und sie zudem nicht lenkbar sind, haben meteorologische Erkenntnisse höchste Priorität. Der Pilot hat vor jeder Ballonfahrt eine meteorologische Flugwetterberatung einzuholen, die ihm zusammen mit seinen eigenen Beobachtungen vor Ort ein umfassendes Bild der Wettersituation geben soll.

Thermik, Morgen- und Abendfahrt

Wer einmal darauf geachtet hat, wird bemerkt haben, dass Ballone in den Sommermonaten frühmorgens bei Sonnenaufgang oder abends ca. 2 Std. vor Sonnenuntergang am Himmel zu sehen sind.

▶ Frühfahrten sind also nichts für Morgenmuffel. Wenn ich mich erst einmal morgens aus dem Bett geschält, einen Kaffee zu mir genommen habe, wächst die Freude auf das bevorstehende Ereignis zusehends. Es gibt für mich nichts schö-

Wundervoller Ausblick bei einer Abendfahrt

Für Naturliebhaber ist eine Fahrt im Ballon immer etwas Besonderes

neres, als mit dem Ballon in den erwachenden Tag aufzusteigen. Mit etwas Glück hat man einen glutroten Sonnenaufgang und Nebelschwaden in den Senken und Flussläufen, für Naturliebhaber ein atemberaubender Anblick.

Spannende Einblicke in das Verhalten von Menschen, die sonntags morgens vom Brennergeräusch geweckt, im Adam- oder Evakostüm sich die Augen reibend, am Schlafzimmerfenster verweilen, offenbaren sich dem Ballonfahrer zu früher Stunde.

▶ Aber auch Abendfahrten haben ihren Reiz. Ob rauschende Feste in Schrebergartenkolonien oder verliebte Pärchen beim Picknick am Weiher, die luftige Perspektive ermöglicht einem Einblicke die zuweilen überraschen, nicht nur den Betrachter.

Warum starten Ballone nur zu diesen Zeiten?

Zur Beantwortung dieser Frage muss man sich folgendes vergegenwärtigen: Der Ballon ist ein Teil der ihn umgebenden Luftmasse. Ist diese Luftmasse labil, hat dies direkte Konsequenzen auf das Verhalten des Ballons insofern, als dass er jeder Richtungsänderung der Luftmasse aufgrund seiner relativen Trägheit zunächst entgegenwirkt, dann unabwendbar folgt. Für die Praxis heißt das: Ballone fahren am sichersten in ruhigen stabilen Wetterbedingungen !

Viele Leute glauben, Thermik sei förderlich für den Auftrieb des Ballons, in Wahrheit stellt sie eine der größten Gefahren dar. Thermische Ablösungen entstehen durch Sonneneinstrahlung auf die unterschiedlich strukturierte Erdoberfläche (Wald, Acker, Wasser, Städte...). Hierdurch erwärmen sich Bodenflächen und die darüber liegenden ebenfalls erwärmten Luftpakete werden bei der sog. Auslösetemperatur zum Aufsteigen gezwungen.

Thermik

Steigt diese Luftmasse, die hunderttausende Kubikmeter und mehr Volumen haben kann, bis zum Kondensationsniveau auf, entsteht eine Wolke. Segelflieger suchen und nutzen diese aufsteigenden Luftmassen, sog. "Bärte", um darin an Flughöhe zu gewinnen. Nun kann aber dort, wo Luft aufsteigt kein Vakuum entstehen; es fließt also aus der Umgebung Luft nach. Diese vertikalen wie horizontalen Luftbewegungen sind häufig sehr turbulent und werden am Boden als Windböen empfunden. Der Ballon, als ein Teil der Luft, würde ein Spielball der Luftmassen sein, z.B. unkontrollierbar hunderte Meter steigen oder fallen - auch besteht die große Gefahr, vertikal in Hindernisse verbracht zu werden.

▶ Solche Wettersituationen meiden Ballonfahrer, indem sie in der thermikfreien Zeit in die Lüfte aufsteigen. Morgens bei Sonnenaufgang und abends ca. 2 Std. vor Sonnenuntergang, wenn die Wärmeentwicklung der Sonneneinstrahlung am geringsten und durch Auskühlung in der Nacht, bzw. Abkühlung gegen Tagesende die Trägheit der Luft am größten ist, findet der Ballonfahrer die stabilsten Bedingungen vor.

Im Winter stellt sich der gleiche, allerdings jahreszeitlich bedingte Effekt ein, besonders bei schneebedeckter Erdoberfläche. Aus diesem Grund tummeln sich die Ballonfahrer von Dezember bis März z.B. in den Alpen.

Windrichtung und Betriebsgrenzen

Für den Ballonpiloten ist die Windrichtung von großer Bedeutung. Da der Ballon nicht lenkbar ist, muss er den Startplatz besonders sorgsam auswählen. Wenn

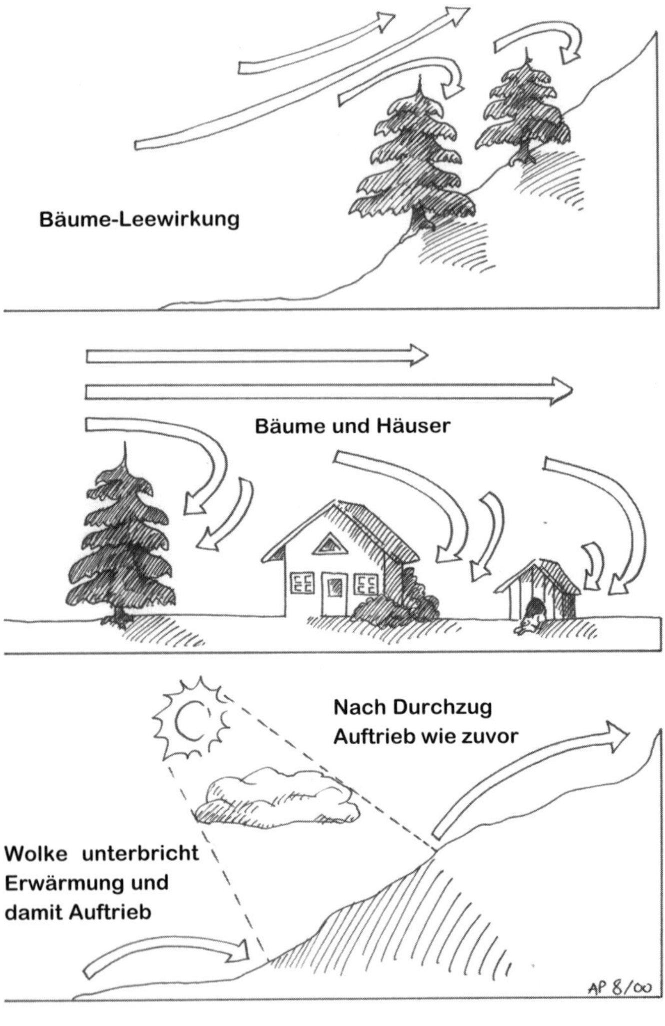

Störungen und Ablenkungen der Luftbewegung

beispielsweise bei einem Ballonstart in Kiel südliche Windrichtung vorherrscht, wird kaum ein Ballonfahrer das Risiko eingehen wollen, auf die Ostsee getrieben zu werden. Für diesen Fall wird der Startplatz in das Landesinnere mit ausreichend Abstand zur Küste verlegt. Die eine oder andere Ballonfahrt ortsfremder Ballonfahrer endete schon im Wasser der Ostsee, aber auch wagemutige Hiesige fordern gelegentlich ihr Schicksal heraus.

▶ Die Windrichtungen in den verschieden Höhen werden dem Piloten durch die meteorologische Beratung, eigene Erkenntnisse durch Austesten verschiedener Fahrthöhen und Beobachtung von z.B. Rauchfahnen aus Schloten offenkundig. Vor dem Start kann das Auflassen eines heliumgefüllten Probeluftballons Aufschlüsse über die aktuelle Windsituation geben.

▶ In den frühen Morgenstunden ist oft eine ausgeprägte Bodeninversion vorhanden. Diese ist eine Temperaturumkehrschicht durch Auskühlung in der Nacht, die wie ein Deckel auf der kalten bodennahen Luftschicht liegt. An jeder Inversion findet ein mehr oder weniger starker Windsprung statt, d.h. Richtung und Geschwindigkeit ändert sich direkt oberhalb dieser Schicht.

▶ Orographisch hohe Hindernisse wie Berge und Täler, aber auch kleinere wie Baumreihen, Gebäude oder Seen können enorme Auswirkungen auf die Windrichtung -und Geschwindigkeit haben.

▶ Zudem bewirkt die durch die Erdrotation entstehende Corioliskraft eine leichte Rechtsdrehung des Windes mit zunehmender Höhe auf der Nordhalbkugel der Erde. Der Pilot kann diese Richtungsänderungen während der Ballonfahrt zum Manövrieren nutzen.

Windgeschwindigkeit

Neben der Windrichtung ist die Windgeschwindigkeit der zweite eingrenzende Faktor. Ballone sind besonders in der Start und -Landephase anfällig für starke Luftbewegungen.

▶ In der Startphase drückt der Wind auf den noch am Boden verankerten Ballon und lässt für den Betrachter erahnen, welche Kräfte auf die Ballonhülle mit

Die Teams müssen ständig auf die Windverhältnisse achten

ihrer riesigen Angriffsfläche wirken können. Der Winddruck einer Böe kann so groß werden, dass der meist am Verfolger-Kfz angebundene Ballon den Wagen mehrere Meter über den Boden schleift oder sogar anhebt und umwirft.

Auf Ballonfahrertreffen sah man Ballonteams hinter ihren sich selbständig machenden Ballon hinterherlaufen, nachdem sich das Fesselseil gelöst hatte. Bei ähnlicher Gelegenheit beobachtete ich einmal, wie eine starke Windböe einen Ballon 4 bis 5 m anhob und dabei den VW Bus, an dem der Korb verankert war, mit Leichtigkeit umwarf. Hier hatten die verantwortlichen Piloten die Gefährlichkeit der Windsituation erheblich unterschätzt.

▶ Um solche wenig vertrauenserweckenden Aktionen zu vermeiden hat der Ballonpilot die Betriebsgrenzen des Ballons einzuhalten. Ein normaler Ballon darf bei Start oder Landung nicht mehr als 15 Knoten. Windgeschwindigkeit (= ca. 27km/h) laut Flugbetriebshandbuch ausgesetzt sein. Das entspricht in etwa Windstärke vier auf der Beaufort-Skala, einer Geschwindigkeit die Segler und Surfer gähnen lässt. Insofern ergänzen sich beide Sportarten hervorragend.

▶ Für Passagierfahrten im gewerblichen Bereich ist diese Geschwindigkeit nochmals auf 10 Knoten reduziert, eine Einschränkung die der Sicherheit der Passagiere Rechnung trägt.

▶ In Schleswig-Holstein (53° bis 55° Breitengrad) herrscht ein maritimes Klima vor. Neben der großklimatischen Lage des Landes ist die Nähe zur Ost- und insbesondere zur Nordsee wetterbestimmend. Die Auswirkungen sind reichhaltige Niederschläge und eine Hauptwindrichtung aus West. So genannte Wetterscheiden und typische Windphänomene (Land-Seewind) sind neben den im Jahresmittel und Bundesdurchschnitt höheren Windgeschwindigkeiten weitere Folgen dieser exponierten Lage. Aufgrund der oben genannten Bedingungen sind in Schleswig-Holstein durchschnittlich 100 Fahrten möglich, wobei diese Zahl von Jahr zu Jahr stark schwanken kann.

Fahrverbote

▶ Ist die Windstärke über den Betriebsgrenzen des Ballons (15 Knoten, 10 Knoten mit Passagieren bei Start oder Landung), darf kein Start erfolgen.

Fahrt über einen Fluss

▶ Bei Schauer- oder Gewitterneigung ist ein Start höchst riskant, da mit diesem Wettergeschehen enorm starke Auf- und Abwinde verbunden sein können. Ein Ballonstart bei Gewitterwarnung ist daher verboten.

▶ Nebel oder andere Sichtbehinderungen lassen den Fahrer Hindernisse nicht rechtzeitig erkennen.

▶ Führt die Ballonfahrt in große Höhen (Sauerstoffmangel über 3.500 m MSL) oder auf große Wasserflächen ist die Fahrtdurchführung mit Passagieren nur mit Sonderausrüstung erlaubt.

Landwind

Seewind

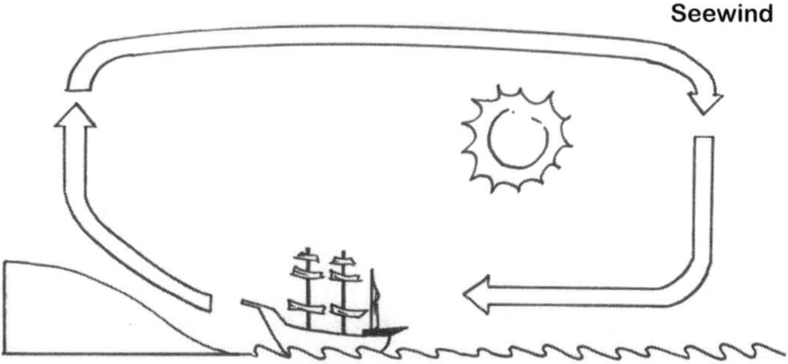

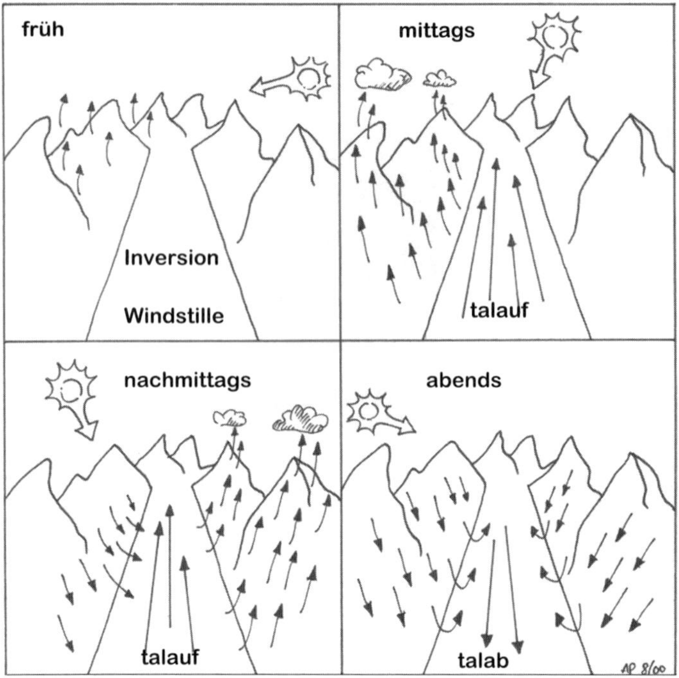

Berg- und Talwindsystem

Windsysteme

Der Ballonführer sollte wissen, welche lokalen meteorologischen Besonderheiten bei einer geplanten Ballonfahrt Einfluss haben können. In Schleswig-Holstein und allen anderen küstennahen Regionen stellt sich der z ,B. Seewind häufig ein.

▶ Der **See-Landwind** ist eine Erscheinung, die an großen Wasserflächen im Frühjahr und Sommer auftritt. Die Sonne erwärmt das Land. Das Wasser ist im Verhältnis kühl, so dass sich ab einem bestimmten Temperaturunterschied (ca. 8°C bis 10°C) eine Windströmung von der See zum Land einstellt. Ist dies die sowieso schon vorherrschende Windrichtung, so addieren sich die Geschwindigkeiten und machen den Ballonfahrern gerade in den Abendstunden Probleme

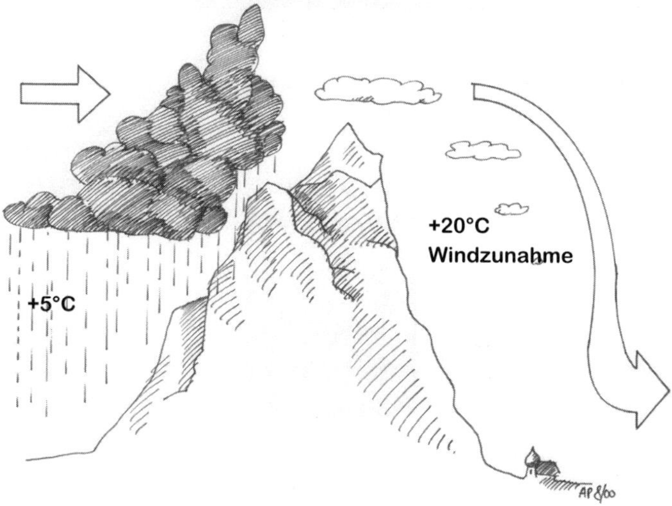

Föhn

beim Start. Der Wind dreht entgegengesetzt, wenn die Temperatur an Land unter die des Wassers fällt. Der **Landwind** setzt ein.

▶ Beim **Berg-Talwind** erwärmen sich zunächst die Berghänge mit zunehmender Sonneneinstrahlung, was eine Bewegung der Luftmassen hang- und talaufwärts zur Folge hat. Abends und nachts sinken die Luftmassen an den sich abkühlenden Hängen in Richtung Talsohle und fließen an ihr entlang talauswärts.

▶ Eine lokale Besonderheit ist der gerade an großen Gebirgen manchmal extrem auftretende **Föhn**: Feuchte Luft kühlt beim Aufstieg langsamer ab, als trockene Luft sich beim Abstieg erwärmt. Relativ feuchte Luftmassen werden zum Aufstieg an einem Hindernis gezwungen und regnen auf Kondensationsniveau ab. Die auf diese Weise getrocknete und abgekühlte Luftmasse erwärmt sich nun beim Abstieg im Lee des Hindernisses viel stärker.

Temperaturanstiege über 15°C innerhalb weniger Stunden einhergehend mit kräftigem Wind sind auf diese Weise beispielsweise am Alpenrand möglich.

Auf der Suche nach einer geeigneten Landefläche

Flotter Ritt

Bei einer Ausbildungsfahrt mit einem Schüler im Allgäu wurde ich einmal mit einsetzendem Föhn konfrontiert. Die Landeanfahrt war schwierig, da Turbulenzen an Hindernissen entstanden. Immer wieder musste der Ballon durch nachheizen bzw. Ventilzug stabilisiert werden. Wir landeten schließlich erst nach mehreren Anläufen relativ kommod mit einer geschätzten Geschwindigkeit von 25 Knoten (ca. 45 km/h) und kamen erst nach ca. 150 m Schleiflandung zum Stillstand. Das schwierigste dabei war, eine geeignete Landefläche zu finden, um die Ballonhülle nicht zu zerlegen.

Fahrtvorbereitung

Wetterberatung

Jede Planung einer Ballonfahrt beginnt mit einer Wetterberatung, am besten unmittelbar vor dem Start. Aus Planungsgründen muss sie jedoch häufig vorgezogen werden. Hierbei werden folgende prognostizierten Daten abgefragt:

▷ Großwetterlage und Entwicklung
▷ Regionalwetterlage und Entwicklung
▷ Sonnenauf- und -untergangzeit
▷ Windgeschwindigkeit und Windrichtung
▷ Niederschläge
▷ Sichten am Boden / Sichten in der Höhe
▷ Temperatur, Luftdruck, Luftfeuchtigkeit
▷ Thermikbeginn bzw. -ende
▷ Auslösetemperatur für erste thermischen Ablösungen
▷ Aussichten für den Folgestart

Tragkraftberechnung

Mit Hilfe der Temperatur, Luftdruck, Eigengewicht des Ballons und dem Gewicht der Korbinsassen erstellt der Pilot eine Tragkraftberechnung im Fahrtdurchführungsplan.

Startplatz - Lufträume

Nachdem der Startplatz unter den Gesichtspunkten Windrichtung und mögliches Landegebiet, Windschutz und Bodenbeschaffenheit festgelegt wurde, wird der Pilot, wenn es erforderlich ist, Kontakt mit der Flugsicherungsstelle aufnehmen und den Ballonstart ankündigen. Das Luftrecht sieht hier definierte Verfahren für bestimmte Lufträume vor. Wird z.B. in der Nähe eines Flughafens innerhalb eines kontrollierten Luftraums gestartet, muss sofort Funkkontakt hergestellt werden. Der Ballon wird in den Luftverkehr eingegliedert und solange beaufsichtigt bis er den Luftraum verlässt oder landet. Hierbei können ihm u. a. Vorgaben zur Fahrthöhe gemacht werden.

Kleidung

▶ Zu einer Ballonfahrt sollte man in erster Linie festes flaches, am besten Knöchel bedeckendes Schuhwerk tragen, um gegen eventuelles Umknicken in der Landephase gewappnet zu sein.

▶ Es empfiehlt sich, robuste Kleidung zu tragen, die aber nicht besonders warm ausfallen sollte, da im Ballonkorb eher mit einer Temperaturzunahme zu rechnen ist. Sie dürfen nicht vergessen, dass im Ballonkorb nahezu Windstille herrscht. Der Ballon nimmt, sobald er die Erde verlassen hat, die Windgeschwindigkeit an. Nur beim Steigen oder Sinken spürt man einen leichten Luftzug.

▶ Da die Lufttemperatur nur um ca. 0,5°C bis 1°C pro 100 Höhenmeter abnimmt und normalerweise Fahrthöhen bis 500 m üblich sind, ist ein markanter Temperaturunterschied nicht zu spüren. Zudem hat der Brenner eine nicht unerhebliche Wärmeabstrahlung, so dass wärmeempfindlichen oder sehr großen Ballonfahrern das Tragen einer leichten Kopfbedeckung angeraten wird.

Fitness

▶ Wer das Vergnügen des Ballonfahrens erleben möchte, sollte über eine normale körperliche Verfassung verfügen. Eine Altersgrenze gibt es nicht. Sollten gesundheitliche Einschränkungen bestehen, müssen diese in jeden Fall dem Piloten mitgeteilt und eventuell ein Arzt konsultiert werden.

▶ Elektrische Geräte, die bestimmte Körperfunktionen unterstützen (Herzschrittmacher, Hörgeräte), müssen ebenfalls dem Piloten angezeigt werden. Eine Beeinträchtigung dieser Geräte durch das Senden von Trägersignalen der Luftfunkstelle ist nicht auszuschließen.

▶ Schwangere sind von der Beförderung generell ausgeschlossen.

Glückliche Landung

Das Ballonteam

Das Team

besteht aus einem Piloten und seiner Crew. Ein kameradschaftlicher Umgang miteinander ist ebenso wichtig, wie die klare Aufgabenverteilung vom Aufrüsten bis zum Verpacken des Ballons. Der respekt- und verantwortungsvolle Umgang mit dem Luftfahrzeug, darf aus Gründen der Sicherheit niemals vernachlässigt werden.

Der Pilot

leitet die gesamte Ballonaktion verantwortlich. Neben der Fahrtvorbereitung und Fahrtdurchführung hat er sich besonders intensiv um die Passagiere zu kümmern, da diese meist unerfahren im Umgang mit dem Ballon sind, häufig aber sehr motiviert das Ballonteam unterstützen wollen.

Hierbei ist eine ausführliche Einweisung für den Aufrüstvorgang und das Verhalten während der Start-, Fahrt- und Landephase unerlässlich. Der Pilot hat absolute Entscheidungsgewalt und kann aus Sicherheitsgründen Personen von der Fahrt ausschließen oder den Ballonstart abbrechen.

An Tagen mit Windgeschwindigkeiten um die maximale Betriebsgrenze kann man daher erleben, dass einige Ballonpiloten ihren Ballon starten andere am Boden bleiben. Die freie Entscheidung hierüber muss jedem Ballonführer selbst überlassen bleiben, da unterschiedliche Erfahrungshorizonte vorliegen. Grundlage seiner Entscheidung muss die selbstkritische Einschätzung seiner Fähigkeiten und Sicherheitskriterien sein.

Unfälle passieren, (wie in anderen Bereichen auch) immer dann, wenn Selbstüberschätzung oder sozialer Druck (Herdentrieb) im Spiel ist.

Die Crew

hat die Aufgabe, den Piloten beim Auf- und Abbau des Ballons und während der Fahrt zu unterstützen. Die Anzahl richtet sich normalerweise nach Größe und Beschaffenheit des Ballons. In der Regel reichen zwei Helfer, bei Freizeitballonfahrern oder auf Wettbewerben trifft man aber auch größere Teams.

In der Aufrüstphase benötigt der Pilot helfende Hände an verschiedenen Positionen, um den Ballon bis zur Startphase vorzubereiten. Nach erfolgtem Start setzt sich die Crew mit dem Verfolgerfahrzeug in Bewegung und versucht so nahe wie möglich am Ballon zu bleiben. Hierzu sind der geübte Umgang mit Zugfahrzeug-Anhängergespann genauso wichtig wie Kenntnisse in Navigation, z.B. der Umgang mit Landkarten und das Verständnis über die Fahrtrichtungsmöglichkeiten eines Ballons.

Eine gute Beobachtungsgabe betreffend Richtung, Geschwindigkeit und Distanzschätzung zum Ballon sind außerdem hilfreich. Ansonsten steht die Boden-Crew per Funk mit dem Piloten in Kontakt und kann so seinen hilfreichen Anweisungen aus der Luft Folge leisten. Die Ballonfahrt läuft reibungslos, wenn ein harmonisches und vertrauensvolles Verhältnis zwischen der Crew und dem Piloten vorherrscht. Ballonfahren erfordert Teamgeist.

Passagier

oder Gast hat die Aufgabe, die Ballonaktion von A bis Z zu genießen. Er kann beim Auf- und Abrüstvorgang auf Wunsch aktiv beteiligt werden, das Ballonteam ist aber immer so ausgelegt, ohne jegliche Hilfe auszukommen. Der Passagier hat in seinem eigenen Interesse und aus Gründen der allgemeinen Sicherheit den Anweisungen des Piloten zu folgen. Fotografieren und Filmen ist seit dem Fall der Mauer genehmigungsfrei.

Fotografieren erlaubt

Ablauf einer Ballonfahrt

Aufrüstvorgang

Ist die Fahrtvorbereitung abgeschlossen, treffen sich Ballonteam und Passagiere an verabredeter Stelle oder direkt am Startplatz, um gemeinsam den Ballon aufzurüsten.

▶ Zunächst wird der Ballonkorb aufgebaut. Der Brenner wird in die Nylonstützen gesteckt, diese wiederum in die Hülsen des Korbrandes. Die Korbseile werden über Karabiner mit dem Brennerrahmen verbunden und samt der Brennerschläuche mit gepolsterten Manschetten ummantelt.

▶ Die Gaszylinder werden im Korb festgezurrt und mit den Brennerschläuchen verbunden. Der Pilot führt nun einen Brennertest durch.

Der Rest der Ausrüstung, wie Funkgeräte, GPS, Höhenmesser, Hüllenthermometer werden angeschlossen, Landkarten, Kompass, Notzündquelle und die persönliche Ausrüstung des Piloten im Korb verstaut.

▶ Jetzt wird der Ballonkorb in Windrichtung auf die Seite gelegt. Einige Piloten simulieren auf diese Art und Weise einen bei der Landung umkippenden Korb und üben so im Vorwege mit den Passagieren das richtige Verhalten.

▶ Liegt der Korb auf der Seite, werden an der Vorderseite die Tragseile der Ballonhülle an den Karabinern am Brennerrahmen befestigt und rückseitig die am Korb befindliche Schnelltrennkupplung mit dem Fesselseil des Verfolgerfahrzeuges verbunden.

Diese Sicherheitsvorrichtung verhindert das ungewollte Fortbewegen des Ballons und regt die Passagiere häufig zu der Frage an, ob der Pilot das Verfolgerfahrzeug gleich mit in die Luft nehmen will.

▶ Die Ballonhülle wird nun in Windrichtung aus dem Hüllensack gezogen und die Kronenleine der Länge nach ausgelegt.

Der Stoff wird an Lastbändern bis zur maximalen Breite auseinandergezogen und mittels des Gebläses am Hüllenmaul zunächst mit kalter Luft gefüllt. Um eine ausreichende Öffnung zu erhalten, sind 1 bis 2 Helfer notwendig.

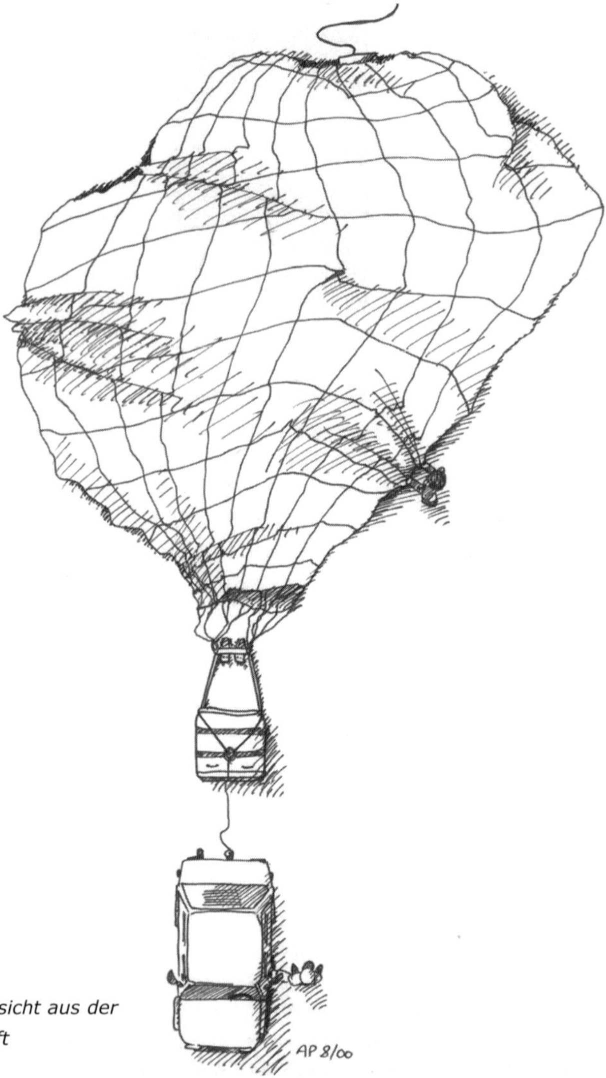

Ansicht aus der Luft

Füllen des Ballons

- Parallel hierzu wird am Top der Hülle das Entleerungsventil (Parachute) an den Hüllenrand geklettet, um es, solange der Ballon noch kalt ist und am Boden liegt, in Position zu halten.

- Hat die Ballonhülle einen gewissen Füllungsgrad erreicht (ca. 60 %), erhitzt der Pilot die Luft mit Hilfe des Brenners. Die heiße Luft hebt die Ballonhülle und den Ballonkorb bis in die senkrechte Position. Um ein Überpendeln zu vermeiden, zieht ein Helfer während des gesamten Heizvorganges an der Kronenleine.

Start

Nachdem die Passagiere in den Korb gestiegen sind, wird die in der Hülle befindliche Luft solange erhitzt, bis genug Tragkraft zum Abheben des Ballons erzeugt ist. Die Hüllentemperatur im Top darf hierbei die Betriebsgrenze des Ballons (je nach verwendetem Stoff zwischen 110°C und 140°C) nicht überschreiten.

Sobald der Pilot das "Leichtwerden" des Ballons zu Kenntnis nimmt, löst er mit Hilfe der Schnelltrennkupplung die Verbindung zum Verfolgerfahrzeug und startet. Dieser Moment ist für alle Beteiligten der Schönste. Die auf der Erde Verbleibenden werfen den Entschwebenden einen sehnsuchtsvollen Blick zu, während diese, völlig fassungslos vor Glück jauchzend in den Himmel aufsteigen.

Kaum gestartet, wundern sich die meisten darüber, wie schnell der Ballon an Höhe gewinnt, ohne dass man es spürt. Die Erklärung ist einleuchtend: Der Ballon hat durch die in der Hülle eingeschlossene Luft eine Masse von 4 t und mehr. Diese Trägheit wirkt so stark, dass die Aufstiegsbeschleunigung, anders als z. B. mit dem Fahrstuhl, kaum wahrgenommen wird. Wenn sich ein Zug in Bewegung setzt oder ein Schiff, ist dies auch häufig nicht zu spüren. Der Ballon steigt und sinkt daher so sanft, dass nur durch die Luftdruckänderung und den dadurch entstehenden Ohrinnendruck ein Gefühl für Höhenwechsel entsteht.

Navigation

Beim Ballonfahren unterscheidet man die Instrumenten unterstützte und die terristische Navigation.

▶ Funkpeilsender (VOR, NDB), deren Signale mit entsprechenden Instrumenten aufgenommen werden, ermöglichen es dem Piloten seinen Kurs zu bestimmen. Diese Einrichtungen werden aber in erster Linie von Flugzeugen für Streckenflüge genutzt.

▶ Da Fahrten im Ballon über vergleichbar kleine Distanzen gehen, bevorzugen Ballonpiloten die GPS-Technik (Global Position System). Diese, mittlerweile leicht zu handhabenden und handlichen Geräte, bedienen sich spezieller um die Erde kreisender amerikanischer Satelliten, die ursprünglich für militärische Zwecke entwickelt wurden. Sie können mit Hilfe dieser Daten Position, Geschwindigkeit und Fahrthöhe des Luftfahrzeuges errechnen, sind allerdings auch mit einer leichten Fehlerhaftigkeit belegt. Starke Abweichungen bis hin zum Totalausfall, waren während des Irak- und des Jugoslawienkrieges an der Tagesordnung.

▶ Die terristische Navigation basiert auf Beobachtung und Vergleich des Erkanntem im Gelände mit dem auf Landkarten Verzeichneten. Der Pilot versucht,

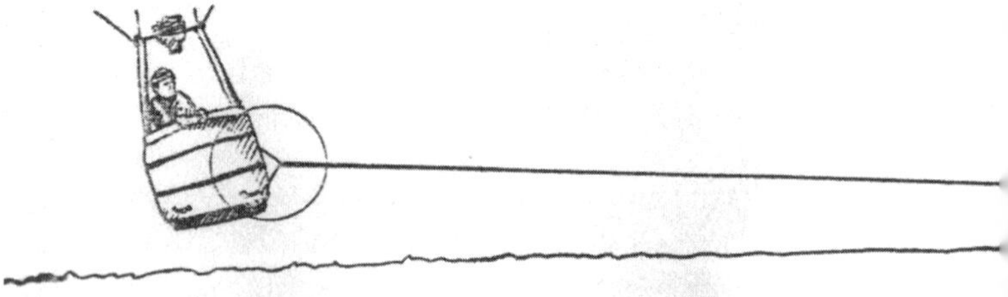

markante Geländepunkte, wie Höhenzüge, Seen, Flüsse oder Ortschaften auszumachen, um seine eigene Position immer wieder neu zu bestimmen.

Der Kompass zeigt ihm die Fahrtrichtung an, die Fahrtgeschwindigkeit findet er mit Weg-Zeitrechnung heraus. Ein geübter Pilot kann dies sehr schnell einschätzen und seine Bodencrew auf den richtigen Weg schicken. Hierbei wählt er quer zur Fahrtrichtung des Ballons verlaufende Auffanglinien wie Straßen, Eisenbahnschienen oder Flussläufe, um dem Team am Boden Hilfestellung für die Wahl der günstigsten Verfolgungsroute zu geben.

Es soll auch schon vorgekommen sein, dass Ballonpiloten bei kompletter Orientierungslosigkeit eine Tieffahrt einleiteten, um Bauern auf dem Feld oder Passanten zu befragen oder sogar Ortsschilder zu erkennen. Man muss sich nur zu helfen wissen.

Verfolgung am Boden

Vor Fahrtantritt besprechen Pilot und Crew die Wetterlage, besonders Windrichtung und Geschwindigkeit. Mit Hilfe einer Kompassrose und einer Landkarte wird die ungefähre Landeregion eingegrenzt. Wichtig in diesem Zusammenhang ist, dass beide die gleichen Landkarten, sinnvollerweise in möglichst kleinem Maßstab benutzen (z.B. Maßstab 1:50.000).

Nach dem Start des Ballons wird die restliche Ausrüstung im Anhänger stoßsicher verpackt und das Bodenteam macht sich auf den Weg. Häufig gilt es, Freunde, Bekannte und Verwandte der Passagiere, die in eigenen Fahrzeugen die

Verbindung zum Verfolgerfahrzeug

Bodenverfolgung aufnehmen, zu leiten, da nur das Verfolger-Kfz über Funkverbindung zum Ballonpiloten verfügt. Weil der Ballon normalerweise frühestens nach einer Stunde landet, macht es wenig Sinn frühzeitig von gut ausgebauten Straßen in Feldwege zu fahren. Der Pilot wird auch rechtzeitig seine beabsichtigte Landezeit und den Landeort mitteilen.

Im Ruhrgebiet ist mir während der Landephase folgende Geschichte passiert: Auf der Suche nach einem geeigneten Landegelände bemerkte ich, dass mich seit geraumer Zeit ein Jeep verfolgte. Mit Lichthupe machte die Fahrerin auf sich aufmerksam. Als das befahrbare Gelände zu Ende war, stieg sie und eine weitere junge Frau aus dem Wagen aus und rannten zu Fuß hinter dem Ballon hinterher. So verfolgten sie mich ca. 1 km, sprangen dabei durch mannshohe Büsche und eine von beiden rutschte beim zu kurz angesetzten Sprung über einen Wassergraben in denselben hinein.

Ich landete den Ballon und wollte ihr zu Hilfe eilen, da kam sie wieder zum Vorschein und setzte, nachdem sie sich ihrer durchnässten Hose und Schuhe entledigt hatte, die Verfolgung nur noch mit Slip und T-Shirt bekleidet fort. Ich muss gestehen, so eine Szene hatte ich noch nie erlebt und ich war ziemlich sprachlos, ob ihrer Ausdauer und anmutigen Erscheinung.

Im darauffolgenden Gespräch stellte sich zu meinem Bedauern heraus, das nicht ich, der Pilot, sondern die aufsehenerregende Ballon-Sonderform Grund ihrer hartnäckigen Verfolgung war. Sie wollten den "fliegenden Elefanten" unbedingt aus der Nähe sehen und wenn möglich einen Pin (Anstecknadel) desselben ergattern. Ballonfahrer neigen gelegentlich zur Eitelkeit.

Funk

Der Ballon wie auch das Verfolgerfahrzeug ist mit einem UKW-Sende-Empfangsgerät mit einem Frequenzbreich von 117.975 bis 137.000 MHz, ausgerüstet. Es sollte grundsätzlich wenig, präzise und deutlich in bestimmten Sprechgruppen gefunkt werden. Unter Ballonfahrern wird das allerdings nicht immer eingehalten. Wer einmal das heillose Durcheinander im Funkverkehr auf einem Ballonfahrertreffen, aber auch schon bei einer kleinen Ansammlung mitteilungsfreudiger Kollegen erlebt hat, wird mich verstehen. Es gibt aber auch stille Genießer.

Ist die Funkverbindung einmal unterbrochen, sollte die Bodencrew einen möglichst hochgelegenen Standort aufsuchen, um die Reichweite der Sendestation zu verbessern.

Nach einer Anzahl vergeblicher Versuche wird entweder ein Mobiltelefon oder eine Relaisnummer zu Hilfe genommen. Pilot und Crew haben sich vor der Fahrt auf eine erreichbare Festnetznummer verständigt und können dort Nachrichten betreffend Landeort hinterlegen bzw. abfragen.

Landung

Der Landeort wird erst kurz vor Ende der Ballonfahrt bestimmt. Da die Windrichtung gelegentlich leicht variiert und der Pilot immer wieder neues Landegelände anpeilen muss, kann es zu mehreren Landeversuchen kommen. Hat der Pilot sich endgültig entschieden, leitet er unwiderruflich die Landung ein.

- Alle Korbinsassen halten sich an Griffen im Korbinneren fest und erwarten mit leicht angewinkelten Knien den Landestoß.

- Sie müssen sich vergegenwärtigen, dass die gesamte Masse (je nach Ballongröße zwischen zwei und zehn Tonnen) nur über den unteren Korbrand abgebremst wird.

- Ist wenig Wind vorhanden, landet der Ballonkorb sanft und stehend. Bei höheren Windgeschwindigkeiten kann mit Hilfe der oben beschriebenen Landehaltung der Landestoß sehr gut abgefedert werden.

- Der Korb wird aber die sich relativ langsam entleerende Ballonhülle nicht so schnell abbremsen, so dass sich der Ballonkorb, meist zur Freude der Passagiere, in Fahrtrichtung auf die Seite legt und einige Meter schleift. Ein Herausfallen aus dem Korb ist nahezu unmöglich, ebenso die gelegentlich geäußerte Befürchtung, der Korb könne sich überschlagen.

- In einigen gewerblichen Ballonunternehmen werden für besonders sicherheitsbedürftige Passagiere sogar Rückhaltegurte vorgehalten.

▶ Ist der Ballon zur Ruhe gekommen, verlassen die Passagiere auf Anweisung des Piloten den Korb. Die Verfolgercrew trifft wenig später ein und das Gerät wird gemeinsam verpackt.

Ballonfahrertaufe

Nach der Ballonfahrt erwartet den Erstlingsballonfahrer die traditionelle Ballonfahrertaufe. Mit den Ingredenzien der Ballonfahrer: dem Feuer, dem Saft und der guten Mutter Erde wird er feierlich und meist unter freudiger Anteilnahme einiger Beobachter in den Adelsstand der Luftschiffer erhoben. Ein Glas Sekt oder Champagner und eine Taufurkunde besiegelt diesen Akt.

Neue Mitglieder von Ballonteams werden hierbei besonders hart 'rangenommen'. Da landet auch schon mal ein Kuhfladen auf dem Kopf des Täuflings. Da diese Zeremonie der krönende Abschluss der Ballonfahrt ist und von jedem Ballonteam anders zelebriert wird, soll hier allerdings nicht allzu viel davon preisgegeben werden.

Traditioneller Lande-Umtrunk

Landeigentümer

Landegelände

Aus den bisherigen Ausführungen ist deutlich geworden, dass Ballone nicht oder nur indirekt lenkbar sind. Wenn auch der Startplatz ausgewählt werden kann, so ist der exakte Landeplatz bis zu letzten Sekunde ungewiss. Klar ist nur eins: Ballone landen fast ausschließlich auf fremden Eigentum, meist Wiesen oder Brachen. In Gegenden wo viele Ballone oft starten, ist die Konfrontation mit Landwirten (aber auch anderen Gruppen wie Jägern oder Pferdebesitzern) vorprogrammiert. Nur der respektvolle und rücksichtsvolle Umgang mit fremdem Eigentum und dem Eigentümer kann die Basis für ein positives Miteinander sein.

Verhalten und Schäden

Dass Ballonfahrer Schornsteine oder Kirchturmspitzen touchierten, ist schon vorgekommen, wenn auch selten. Werden Schäden verursacht, wird der Pilot den Eigentümer zur Regulierung aufsuchen. Ansonsten achtet die Crew darauf, dass Schäden durch Begleiter oder Schaulustige vermieden werden, insbesondere durch Kraftfahrzeuge auf dem Landegelände. Die Ballonbergung selbst richtet auf Wiesen keinen Schaden an.

Preise

Sollte der eine oder andere Leser nun auf den Geschmack gekommen sein, einmal eine Ballonfahrt zu unternehmen, stellt sich natürlich die Frage nach den Kosten. Für eine Ballonfahrt sollte man ca. € 170 bis 220 pro Pers. veranschlagen. Einige Ballonunternehmen räumen Gruppenermäßigungen ein und unterscheiden in ihrer Preisgestaltung z.B. auch zwischen Morgen- und Abendfahrten oder Jugendlichen und Erwachsenen. Zudem werden in einigen Vereinen und bei Freizeitballonfahrern Fahrten zu Selbstkosten angeboten.

Wer mit dem Gasballon fahren will oder an einer Alpenüberquerung teilnehmen möchte, muss allerdings etwas tiefer in die Tasche greifen. Informationen hierzu können Sie bei den Kontaktadressen oder direkt bei den Unternehmen erfragen. Heutzutage sind die meisten schon mit eigener Homepage im Internet vertreten oder im Branchenbuch zu finden.

Kontakte

- Thomas Oeding, Thomas Ballonreisen,
  Rendsburger Landstraße 132, 24113 Kiel, ☏ 0431/685473,
  FAX 0431/685476, 💻 www.thomasballonreisen.de

- Deutscher Freiballonsport-Verband e.V.,
  Bahnhofstraße 38, 82152 Planegg, ☏ 089/89949192, FAX 089/8572184,
  💻 www.dfsv.de, 💻 ballonsport.magazin@t-online.de

Ballonsport

Meisterschaften

Auch wenn die Fahrtrichtung des Ballons nur schwer zu beeinflussen ist, richten Ballonsportfreunde immer wieder Wettbewerbe aus, um ihr Geschick untereinander zu messen. Hierbei geht es in erster Linie darum, selbst gewählte oder von der Wettkampfleitung vorgegebene Ziele zu erreichen. Die Ziele können natürlich nur in Windrichtung, bzw. in einem Windvektor ausgelegt werden.

Der Abwurf eines Markers simuliert die Landung des Ballons und damit die beste Annäherung an das Ziel. Ein Marker ist ein mit Sand gefüllter Stoffsack mit einer ca. 1 m langen Stofffahne auf der die Teilnehmernummer vermerkt ist. Die gemessene Entfernung von Marker zu Zielpunkt ist der Maßstab für Wertungspunkte. Hierbei werden auf hochrangigen Meisterschaften (Nationale-, Europa-, Weltmeisterschaft) nicht selten Ablagen in Zentimeter Abständen erreicht.

Eine häufig gestellte Aufgabe ist die Fuchsjagd. Ein Fuchs-Ballon startet ca. 15 Min. vor dem Teilnehmerfeld und versucht durch Fahrmanöver eine möglichst große Distanz zum Teilnehmerfeld zu schaffen. Nach ungefähr einer Stunde landet der Fuchs und legt ein 5 x 5 m großes Zielkreuz aus, das es gilt, so gut wie möglich zu treffen. Der Pilot mit der kleinsten Ablage erhält 1.000 Punkte.

Sponsoring

Ballonsport ist ein teures Vergnügen und Ballone eignen sich hervorragend um Werbebotschaften zu transportieren. Nicht nur, weil der Ballon ein Sympathieträger mit durchweg positivem Image ist, sondern auch eine enorme Werbefläche bietet.

Wen wundert es also, dass die Industrie schon sehr früh auf diese Tatsache aufmerksam wurde und heutzutage 95 % aller Ballone Werbebotschaften tragen. Ballonsportgruppen oder einzelnen Sportballonfahrern ermöglicht Sponsoring das Finanzieren ihres ausgefallenen Hobbys. Der professionelle Einsatz des Ballons als Werbemedium wird überwiegend von Luftfahrtunternehmen mit Berufspiloten betrieben.

Sonderformen

Beispiele

Ausgefallenen Ballonformen sind keine Grenzen gesetzt. Ob Turnschuh, Eistüte, Elefant, Space Shuttle oder Arche Noah, selbst für Ballonfahrer sind die luftigen Gebilde gelegentlich unglaublich.

Mit ausgeklügelten Seilverstrebungen, atemberaubenden Stoffverarbeitungen, Kammersystemen und Klettverschlüssen werden mit Hilfe von computerunterstützter Technik Zuschnitte in sämtlich vorstellbaren Größenordnungen erstellt. Flächen werden durch eigens eingefärbten Stoff, Airbrush oder mit aufgemalter Farbe bis ins Detail künstlerisch gestaltet.

Sogar fotorealistische Qualität ist umsetzbar. Wer Gelegenheit hat, dem Aufrüsten einer Ballon-Sonderform beizuwohnen, sollte unbedingt einen Blick in das Hülleninnere werfen.

Fahrtechnik

Bedingt durch die ausgefallene und individuelle Form, hat jede Ballon-Sonderform ein ihr eigenes Verhalten bei Start, Fahrt und Landung. Aerodynamik beim Steigen und Sinken sowie Schwerlastigkeit in Teilbereichen der Hülle führen dazu, dass es einer gründlichen Einweisung des Piloten bedarf, um möglichen Fehlern im Umgang mit dem *Special Shape* präventiv zu begegnen.

Zudem haben die Hüllen, abhängig von der Menge des verarbeiteten Stoffes, ein höheres Eigengewicht als normale Ballonhüllen. Mit zunehmendem Gewicht verändert sich natürlich auch das Trägheitsverhalten und damit die Manövrierbarkeit des Ballons.

Werbeeffekt

Wenn Ballonsonderformen aus der Sicht des Piloten schwieriger zu betreiben und aus der Sicht des Sponsors kostspieliger sind, so haben sie doch einen ungleich höheren Werbeeffekt. Ballone regen das Erdenvolk sowieso schon zum Betrachten und Träumen an, ein Eisbär oder eine Wurstdose am Himmel ist ein ultimativer *Eyecatcher*, der den Betrachter nicht mehr los lässt.

Notsituationen

Wie in jedem anderen Bereich gibt es auch beim Ballonfahren Notsituationen und Unfälle. Jeder Autofahrer kann bestätigen, dass er jederzeit mit besonderen Situationen konfrontiert werden kann. Er hat allerdings fast immer die Möglichkeit anzuhalten oder den Verkehrsstrom zu verlassen.

In der Luftfahrt kommt erschwerend die dritte Dimension hinzu. Ein Ballonfahrer kann nicht eben mal anhalten, sondern muss stets in der Lage sein die Situation zu meistern. Die Ausbildung in dem Theoriefach 'Verhalten in besonderen Fällen' hat ihm fundierte Kenntnisse möglicher Notsituationen und die richtige Reaktion vermittelt. Erhöhte Wachsamkeit ist z.B. gefordert bei:

Kritischen Windverhältnissen	Brennerausfall
Hohen Hindernissen	Riss in der Hülle
Fahrten im Gebirge	Labilität und Gewitter (Startverbot)
Fahrten in großen Höhen	Starke Bodeninversion
Fahrten bei Nacht	Sichtverschlechterung bei Nebel, Dunst
Treibstoffmangel	Landung im Wald, auf Wasser, im Gebirge

Unfallstatistik

Die Zahl der Verkehrstoten hat 2002 einen historischen Tiefstand seit Einführung von Unfallstatistiken 1953 erreicht. Im Jahr 2002 wurden in Deutschland 6.828 Menschen bei Verkehrsunfällen getötet

Ohne die Zahlen in einen direkten Bezug zueinander zu stellen, zeigt doch die Statistik 2004 der Bundesstelle für Flugunfalluntersuchung (BFU) eindrucksvoll, mit welch geringem Unfallaufkommen die Ballonfahrt und die zivile Luftfahrt insgesamt, belegt ist:

Unfallstatistik 2004:		**Zivile Luftfahrt gesamt:**	
Anzahl Ballone: 1.469			
Unfälle:	**19**	Unfälle:	**271**
Unfälle mit Schwerverletzten:	**19**	Unfälle mit Schwerverletzten:	**41**
Unfälle mit Toten:	**0**	Unfälle mit Toten:	**26**

Ursachen

Technisches Versagen ist in den seltensten Fällen Ursache für eine Notsituation. In erster Linie sind es Pilotenfehler, die zu gefährlichen Situationen führen.

▶ Eine schlechte Fahrtvorbereitung, Unaufmerksamkeit während der Ballonfahrt oder Selbstüberschätzung sind die häufigsten Ursachen der allerdings selten auftretenden Unfälle.

☺ In diesem Zusammenhang gibt es ein Sprichwort in der Fliegerei: Es gibt kühne Flieger und es gibt alte Flieger, aber es gibt keinen kühnen alten Flieger!

▶ Dennoch sind es generell nicht die Jungpiloten, sondern in der Mehrzahl die erfahrenen Piloten, die eher zur Selbstüberschätzung neigen.

Verhalten

Der Ballonführer hat in seiner theoretischen und praktischen Ausbildung gelernt mit Notsituationen umzugehen und entsprechend zu reagieren.

▶ In Luftfahrtunternehmen sind zur Auffrischung der Kenntnisse jährliche Sachverständigen-Überprüfungsfahrten durch die Luftfahrtbehörde angeordnet.

▶ Die Passagiere erhalten vor der Ballonfahrt ein Merkblatt mit Verhaltenshinweisen und außerdem eine kurze praktische Einweisung am Gerät selbst. Während der Startvorbereitung, der Ballonfahrt und der anschließenden Landung sollten sie sich zur eigenen Sicherheit immer an die Anweisungen des Piloten halten.

▶ Eine Anweisung des Ballonführers wird vor der Landung sein, mit leicht angewinkelten Knien den Landestoß, der unmerklich bei wenig Wind oder sportlich bei höheren Windgeschwindigkeiten ausfallen kann, abzufangen.

☺ Alles in allem sind die geforderten Verhaltensweisen wenig spektakulär und von jedem umsetzbar.

Extremfahrten

1. Weltumrundung

Am 1. März 1999 hob der **Breitling Orbiter 3** im schweizerischen Château-d'Oex im sanften Morgenlicht zur Weltumrundung ab. Der Brite Brian Jones (geb. 1947) und der Schweizer Bertrand (geb. 1958) pilotierten diese 18.500 m³ fassende und ca. 9,2 t wiegende Rozière (☞ S. 22). Viele vor ihnen hatten die Weltumrundung im Ballon versucht und waren gescheitert. Nach 477,47 Std. (19 Tage, 21 Std. und 47 Min.) landeten sie in der Wüste Ägyptens, wie Picard es formulierte:"...heil und in einem Stück...". Sie stellten mit dieser Ballonfahrt gleich drei Weltrekorde auf: Erste Weltumrundung im Ballon, Streckenrekord 40.813 km, Dauerrekord 477,47 Std. (☞ Literatur)

Alpen

In den Wintermonaten finden sich viele Ballonfahrer am Alpennordrand oder in den Alpen ein, um eine Alpenüberquerung von Nord nach Süd zu versuchen. Leider gibt es die erforderliche Wetterlage nur sehr selten, so dass es häufig nur bei dem Wunsch bleibt und Fahrten im Gebirge als Ersatz herhalten müssen.

Eine Überquerung ist nur dann möglich, wenn ein schwacher Wind beim Start am Alpennordrand und bei der Landung südlich der Alpen sichergestellt werden kann. Die Windgeschwindigkeit in 5.000 bis 6.000 m Höhe sollte im Gegensatz hierzu hoch sein (ich erlebte bei einer Alpenüberquerung von Sonthofen zum Gardasee die Spitzengeschwindigkeit von 165 km/h in 6.300 m bei einer Temperatur von -30°C). Die Richtung sollte konstant sein und abhängig vom Startort den kürzesten Weg zum landbaren Gelände sicherstellen. Für Fahrten über 3.500 m MSL sind neben Notausrüstung für das zwangsweise Verweilen im Berg, natürlich auch eine ausreichende Sauerstoffversorgung zwingend vorgeschrieben.

Wüste

Extreme und schnell wechselnde Windverhältnisse zeichnet das Wettergeschehen in Wüsten aus. Durch die intensive Sonneneinstrahlung entwickeln sich ausgeprägte thermische Verhältnisse mit extremer Böigkeit und Windhosen-Bildung, schnell auflebend und bis nach Sonnenuntergang anhaltend. Ballonfahrten in Klimazonen mit hohen Tagestemperaturen sind überwiegend nur morgens in den ersten ein bis zwei Stunden nach Sonnenaufgang möglich.

Höhenrekord

Der Mensch strebt nach immer neuen Rekorden, so auch beim Ballonfahren. Die aktuellen deutschen Höhenrekorde der verschiedenen Größenklassen und Kategorien liegen um die 10.000 m MSL mit dem Heißluftballon.

Ballonfahrertreffen

Ein Meeting mit einigen hundert Ballonfahrern stellt nicht nur an die Organisatoren hohe Ansprüche, sondern ebenso an die teilnehmenden Piloten. Häufig sind solche Treffen noch mit Wettbewerben verbunden, so dass Hobby-, Sport- und professionelle Ballonfahrer miteinander einen *Event* gestalten. Bedingt durch die große Anzahl von Ballonen erhöht sich das Risiko des ineinander Hineinfahrens. Seitlich weniger problematisch, vertikal sehr gefährlich, da ein ungewolltes schlagartiges Entleeren der Ballonhülle erfolgen kann.

Im japanischen Saga wurden wegen solcher Unfälle zur Vorbeugung Trillerpfeifen an die Piloten ausgegeben. Mit diesem unkonventionellen Hilfsmittel kann der überfahrende Pilot dem unter ihm fahrenden ein akustisches Warnsignal geben.

Sie können sich vielleicht vorstellen, welche Ausmaße ein Treffen wie in Albuquerque, New Mexiko, mit 900 bis 1.000 Ballonen annimmt. Für den Zuschauer ist es ein grandioses Schauspiel - aber den Piloten wird höchste Konzentration abverlangt.

Die Ballone starten dicht gedrängt auf engstem Raum zwischen begeisterten Zuschauern in Wellen hintereinander. Trotzdem dauert der Start aller Ballone über drei Stunden. Die ersten sind schon lange wieder gelandet, wenn der letzte in die Wüstenluft aufsteigt, ein Massenspektakel sondergleichen.

Literatur
Glossar

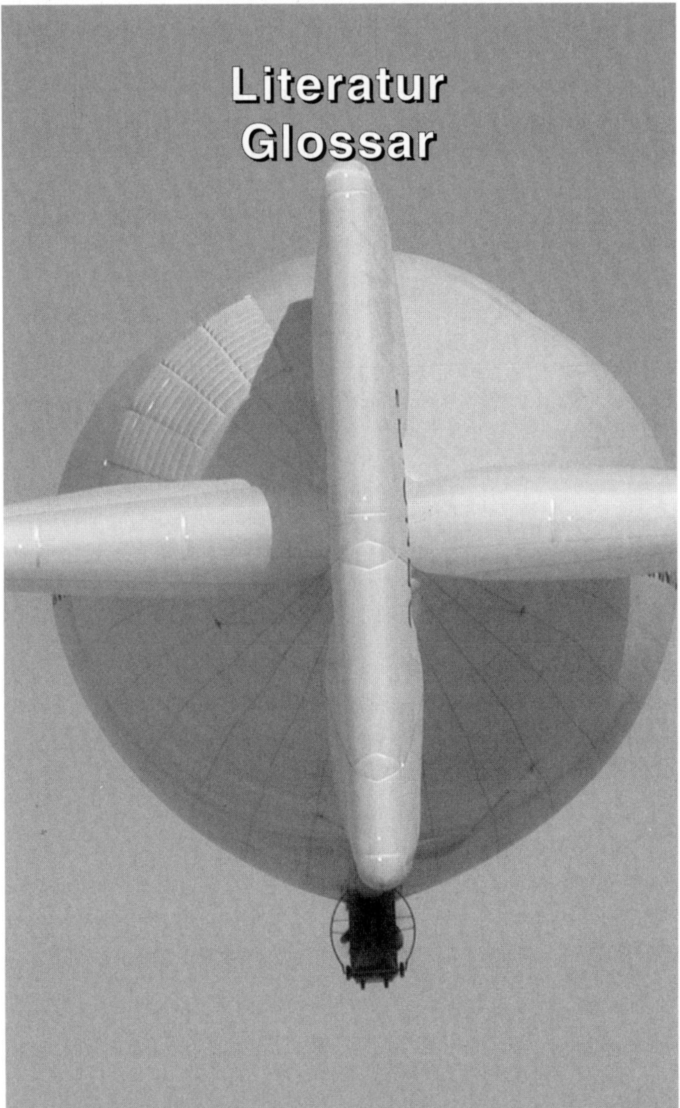

Literatur

- *Ballonsport Magazin*, zu beziehen beim Deutschen Freiballon Sportverband
- *Mit dem Wind um die Welt*, Bertrand Picard & Brian Jones, ISBN 3-89029-145-7, Piper Verlag 1999
- *Ballonfahren basics, Technik, Ausbildung, Ausrüstung*, Angelika und Thomas Fink, ISBN 3-613-50347-6, Motorbuch Verlag Pietsch 2000
- *Eins mit dem Wind. Faszination Ballonfahren*, Günter Kozeny, ISBN 3-7766-2114-1, Herbig 1999
- *Die Hohe Kunst des Ballonfahrens*, Frank Franke und Peter Vinzens, ISBN 3-613-50263-1, Motorbuch Verlag Pietsch 1996
- *Abenteuer Ballonfahren*, Theodor Brucksch, ISBN 3-613-50078-7, Motorbuch Verlag Pietsch 1993, leider nicht mehr lieferbar
- *Ballonfahren* (Steiger special), Cornelia Dittmar und Wolfgang Nairz, ISBN 3-89652-073-3, Steiger, München 1997, leider nicht mehr lieferbar
- *Ballooning. Sanfte Riesen im Luftmeer*, Anthony Smith und Mark Wagner, ISBN 3-7688-1154-9, Delius Klasing 1999

Race to the Stratosphere. Manned Scientific Ballooning in America, David H. DeVorkin, ISBN 3-540-96953-5, Springer, Berlin 1989

Glossar

Aerostatik: Auftrieb wird durch ein Gas, das leichter als Luft ist (z.B. Wasserstoff oder heiße Luft) erzeugt.

Aerodynamik: Auftrieb wird durch Anströmung von Flächen (Flugzeugflügel) erzeugt.

Alarmplan: Liste wichtiger Kontaktstellen im Falle eines Unfalls oder einer Notsituation

Altimeter: Höhenmesser

Auffanglinie: Markante Orientierungshilfen in Fahrtrichtung des Ballons, wie Straße, Eisenbahnlinien oder Flüsse

Ballontyp: Beschreibt das Volumen, die Anzahl der Vertikalsegmente und damit den Wölbungsgrad einer Ballonhülle

Ballast: Gasballone werfen Ballast in Form von Sand oder Wasser ab, um die Tragkraft zu erhöhen.

Bergwind: Mit zunehmender Sonneneinstrahlung stellt sich ein Wind tal- und hangaufwärts ein.

Bordbuch: Dokument in dem alle Fahrten, Reparaturen und Störungen des Ballons aufgeführt werden müssen.

Brenner: Verbrennt Propangas, um die Luft in der Ballonhülle zu erwärmen.

Charlière: Gasballon, nach Professor Charles benannt

Drehventil: Seitliche Hüllenöffnung zur Drehung des Ballons, insbesondere zur Ausrichtung des Ballonkorbes für die Landung.

Endlandung: Im Gegensatz dazu werden zu Ausbildungszwecken Zwischenlandungen geübt, um später eine ordentliche und sichere Endlandung hinzubekommen.

Fahrtvorbereitung: Alle notwendigen vorbereitenden Maßnahmen, die ein Pilot zu treffen hat

Fahrtenbuch: Dokumentiert sämtliche Ballonfahrten des Piloten

Fahrbetriebshandbuch (FBH): Regelt sämtliche fahrbetrieblichen Notwendigkeiten und Verantwortungen für den Betrieb eines Luftfahrtunternehmens mit Ballonen im gewerblichen Bereich.

Fliegertauglichkeit: Medizinischer Check dem sich jeder Pilot regelmäßig erfolgreich unterziehen muss, um seine Pilotenlizenz verlängern zu können.

Flugwetterberatung: Für jeden Luftfahrzeugführer vor der Fahrt / dem Flug verpflichtend.

Föhn: Typisches lokales Windphänomen an hohen Gebirgszügen mit starker Erwärmung der Luftmassen auf der Leeseite.

Füllansatz: Einfüllöffnung für den Wasserstoff am unteren Rand der Gasballonhülle.

Funksprechzeugnis: Prüfungszertifikat, das den Piloten befähigt am standardisierten Sprechfunkverkehr teilzunehmen.

Gasballon: Ein mit Wasserstoff, in Ausnahmen auch mit Helium betriebener Ballon.

Gaszylinder: Enthält das Propangas zu Verbrennung durch den Brenner.

Global Position System (GPS): Satelliten gestütztes Navigationssystem, das unter anderem Geschwindigkeit und Standort anzeigt.

Hindenburg Luftschiff: Wasserstoffgefülltes Starrluftschiff, das in Lakehurst am 6. Mai 1937 Feuer fing und ein Trauma in der Luftfahrtgeschichte auslöste.

HLB: Abkürzung für Heißluftballon

Hülle: Zusammengenähter Stoff, der das Traggas umschließt und mit dem Ballonkorb durch Seile verbunden ist.

Hyperlife: Bis ca. 140° C hitzebeständiger Stoff im Top der Heißluftballonhülle

ICAO-Karte: Luftfahrerkarte im Maßstab 1:500 000, auf der Lufträume und Luftverkehrsvorschriften dargestellt sind.

Inversion: Grenzschicht zweier unterschiedlich temperierten Luftschichten. Die Temperatur steigt kurzfristig mit zunehmender Höhe an und liegt wie ein Deckel auf der darunter liegenden kalten Luftmasse.

Karabiner: Verbinden die auslaufenden Hüllenseile mit den Korbseilen.

Korb: Handgefertigtes Weidengeflecht mit Versteifungen aus Metall oder z.B. Manilarohr

Korbrand: In Leder eingefasster gepolsterter Schutzrand an der Oberkante des Korbes.

Korbseile: Verlaufen durch das Korbgeflecht und werden über Karabiner mit dem Brennerrahmen und der Ballonhülle verbunden.

Kronenseil: Ist am Top befestigt und dient dem kontrollierten Auf- und Ablassen der Heißluftballonhülle.

Kronenring: Alle vertikalen Lastbänder münden im Aluminiumring auf dem Top der Heißluftballone. Hier ist auch die Werknummer eingraviert.

Landwind: Windsystem an großen Wasserflächen vom Land zum Wasser

Langhanf: Material aus dem das Netz des Gasballons gefertigt wird

Lastbänder: Skelett der Heißluftballonhülle an das die Stofffelder genäht werden.

LTB: Luftfahrzeugtechnischer Betrieb in dem Ballone gewartet, repariert und geprüft werden.

Manometer: Druckmesser am Brenner zur Überprüfung des Propangasdrucks

Marker: Stoffsack mit Fahne der bei Wettbewerben auf Ziele abgeworfen wird.

Montgolfier: Die Gebrüder Montgolfier setzten 1783 das erste Mal das Heißluftprinzip spektakulär in Szene.

MSL: Meeresspiegel

Netz: Geflochtenes Haltesystem, das die Gasballonhülle umschließt und mit dem Ballonkorb verbindet.

Nomex: Schwer entflammbarer Hüllenstoff im Bereich der Brennerflamme.

Nylonstäbe: Brennerstützen, die den Brenner immer in Position halten.

Nylonstoff: Hüllenstoff mit Ripstop-Gewebe beidseitig beschichtet.

Parachute: Ventil im Top der Heißluftballonhülle für die partielle oder komplette Entleerung.

Pilotflamme Ständig brennende Flamme zur Entzündung der Brenner-Hauptflamme.

Piezozünder: Entzündet die Pilotflamme

Pralluftschiff: Im Gegensatz zum Starrluftschiff (Zeppelin) wird die Form der Hülle durch den Innendruck der Gase erhalten.

Polyurethanbeschichtung: Beschichtung der Heißluftballonhülle zur Verminderung der Luftdurchlässigkeit

Probeballon: Heliumgefüllter Luftballon zum Prüfen der Windrichtung vor dem Start.

Propan: Brenngas des Heißluftballons

Reißbahn: Hüllenöffnung, die mittels Klettband verschlossen ist und nur zu Endlandung irreversibel geöffnet wird.

Rozière: Kombination aus Gas- und Heißluftballon

Schnelltrennkupplung: Einrichtung, um beim Start die Seilverbindung zum Verfolgerfahrzeug schnell und einfach zu trennen.

Seewind: Windsystem an großen Wasserflächen, vom Wasser zum Land

Silikonstoff: ☞ Hyperlife

Steigen-Sinken: Einzige Möglichkeit, das Fahrverhalten des Ballons direkt zu beeinflussen.

Sonderform: Von der übliche Tropfenform abweichende Kreation bei der der Fantasie keine Grenzen gesetzt ist.

Special Shape: ☞ Sonderform

Talwind: Mit abnehmender Sonneneinstrahlung fließen die abkühlenden Luftmassen zur Talsohle und Tal auswärts.

TBH: Technisches Betriebshandbuch, das die Wartung und Instandhaltung von Ballonen im Luftfahrtunternehmen regelt.

Thermik: Durch Erwärmung auf- und absteigende Luftmassen, Böigkeit am Boden

Tragkraft: Unter Berücksichtigung von Starthöhe, Luftdruck, Lufttemperatur und Hüllenvolumen ergibt sich die Tragkraft des Ballons.

Umlenkrollen: Im Hülleninneren angebrachte Rollen über die Seile zu den Ventilen laufen.

Variometer: Misst die Luftdruckränderung mit der Höhe und zeigt so Steigen und Sinken des Ballons an.

Weidengeflecht: Material aus dem der Ballonkorb besteht.

Windvektor: Abweichende Windrichtungen mit zunehmender Höhe, an Hindernissen oder an Inversionen ergeben einen Winkel, in dem der Ballonpilot Ziele erreichen kann.

Windmesser: Windrad, das die Windgeschwindigkeit am Boden anzeigt.

Zündflamme: ☞ Pilotflamme

Index

Alle Bücher aus dem Conrad Stein Verlag

OutdoorHandbücher - Basiswissen für draußen

Band		€
1	Rafting	6,90
2	Mountainbiking	7,90
3	Knoten	6,90
4	Karte Kompass GPS	7,90
5	Essbare Wildpflanzen	7,90
6	Skiwandern	6,90
7	Wildniswandern	6,90
8	Kochen 1 aus Rucks. u. Packt.	7,90
9	Bergwandern	6,90
10	Solo im Kanu	6,90
11	Kanuwandern	7,90
12	Fotografieren	7,90
13	Wetter	6,90
14	Allein im Wald - Survival für Kinder	6,90
15	Wandern mit Kind	6,90
16	Sex-Vorb. Technik Varianten	6,90
20	Wüsten-Survival	7,90
21	Angeln	7,90
22	Leben in der Wildnis	7,90
24	Ratgeber rund ums Wohnmobil	7,90
25	Wale beobachten	7,90
30	Spuren & Fährten	6,90
31	Canyoning	7,90
34	Radwandern	7,90
35	Mushing - Hundeschlittenfahren	7,90
36	Gesund unterwegs	6,90
39	Erste Hilfe	7,90
45	Solotrekking	6,90
48	Für Frauen	6,90
58	Fahrtensegeln	7,90
65	Seekajak	6,90
68	Minimal Impact - Outdoor - naturverträglich	6,90
69	Abenteuer Teeniegruppe	6,90
70	Wintertrekking	6,90
72	Schnorcheln und Tauchen	6,90
73	Trekkingreiten	7,90
77	Wohnmobil in USA und Kanada	9,90
86	Regenwaldexpeditionen	7,90
94	Wattwandern	7,90
97	Urlaub auf dem Land	7,90
99	Kochen 2 - für Camper	6,90
100	Ausrüstung 1 - von Kopf bis Fuß	7,90
101	Ausrüstung 2 - für Camp und Küche	7,90
102	Ballonfahren	7,90
103	How to shit in the Woods	7,90
104	Globetrotten	7,90
106	Daumensprung und Jakobsstab	6,90
108	DocHoliday - Taschendoktor für Outdoorer, Traveller und Yachties	6,90
120	Trailfinder - Orientierung ohne Kompass und GPS	6,90
129	Kochen 3 - für Zeltlager & Freizeiten	7,90
131	Zeltlager und Jugendfreizeiten - Planung und Vorbereitung	7,90
138	Zeltlager und Jugendfreizeiten 2 Durchführung	7,90
143	Trekking mit Hund	9,90
148	Wenn Kinder fliegen	7,90
165	Fastenwandern	7,90
170	Höhlen - Praxistipps	7,90
176	Vulkane erleben	7,90
181	Kurzweilfibel	7,90
184	Trekking Ultraleicht	7,90

OutdoorHandbücher - Der Weg ist das Ziel

Band		€
17	Schweden:Sarek, Padjelanta, Abisco	12,90
18	Schweden: Kungsleden	12,90
19	Kanada: Yukon - Kanu- und Floß	12,90
23	Spanien: Jakobsweg	14,90
26	Schottland: West Highland Way	12,90
27	John Muir Trail (USA)	10,90
28	Landmannalaugar (Island) (06)	12,90
29	Kanada: West Coast Trail	9,90
32	Polen: Radtouren in Masuren	12,90
33	Trans-Alatau (GUS)	10,90
37	Kanada: Bowron Lakes	10,90
38	Polen: Kanutouren in Masuren	12,90
40	Trans-Korsika - GR 20	12,90
41	Norwegen: Hardangervidda	12,90
42	Nepal: Annapurna	9,90
43	Schottland: Whisky Trail	12,90
44	Tansania: Kilimanjaro	14,90
49	USA: Grand Canyon Trails	10,90
50	Kanada: Banff & Yoho NP	10,90
51	Tasmanien: Overland Track	12,90
52	Neuseeland: Fiordland	10,90
53	Irland: Shannon-Erne	12,90
54	Südafrika: Drakensberge	10,90
55	Spanien: Pyrenäenweg GR 11	12,90
56	Polen: Drawa-Kanutour	9,90
57	Kanada: Great Divide Trails	10,90
59	Kanada: Wood Buffalo NP (Kanu)	9,90
60	Kanada: Chilkoot Trail	9,90
61	Kanada: Rocky Mountains-Radt.	10,90
62	Irland: Kerry Way	12,90
63	Schweden: Dalsland-Kanal	12,90
64	England: Pennine Way	12,90
66	Alaska Highway	12,90
71	N-Spanien: Jakobsweg-Küstenweg	12,90
74	Nordirland: Coastal Ulster Way	10,90
76	Pfälzerwald-Vogesen-Weg	9,90
78	Polen: Pisa-Narew (Kanuroute)	9,90
79	Bolivien: Choro Trail	10,90
80	Peru: Inka Trail u. Region Cusco	12,90
81	Chile: Torres del Paine	12,90
82	Norwegen: Jotunheimen	12,90
83	Neuseeland: Stewart Island	9,90
84	USA: Route 66	9,90
85	Finnland: Bärenrunde	9,90
87	Montblanc-Rundweg - TMB	9,90
88	Griechenland: Trans-Kreta	12,90
89	Schweden: Skåneleden	9,90
90	Mallorca: Serra de Tramuntana	9,90
91	Italien: Trans-Apennin	9,90
92	England: Themse-Ring	9,90
93	Spanien: Sierra Nevada	12,90
95	Norwegen: Nordkap-Route	12,90
96	Polen: Czarna Hancza/Biebrza-Kanu	9,90
98	Wales: Offa's Dyke Path	9,90
107	GR 5: Genfer See - Nizza	12,90
109	Mecklenburgische Seenplatte	9,90
112	Norwegen: Telemark-Kanal	9,90
113	Thüringen: Rennsteig	9,90
114	Alpen: Dreiländerweg (CH-A-I)	9,90
115	Tschechien: Freundschaftsweg	12,90
116	Spanien: Jakobsweg - Via de la Plata	14,90
117	Schweiz: Jakobsweg	12,90
118	Rund Australien	14,90
119	Schwäb. Alb: Hauptwanderweg	12,90
121	Italien: Dolomiten-Rundweg	9,90
122	Schwarzwald-Jura-Weg	9,90
127	Uganda: Ruwenzori-Wand. (06)	12,90
128	Frankreich: Jakobsweg v. Genf... nach Saint-Jean-Pied-de-Port	14,90
132	Dem Kommissar auf der Spur - ein lit. Reiseführer zu Kriminalschauplätzen.	12,90
133	NRW: Natur und KulTour (per Rad)	12,90
134	Deutschland: Vorpommern Radtour durch die Nationalparks	9,90
135	Deutschland: Schleswig-Holstein Tour	9,90
136	Schweiz: Matterhorn - Tour du Cervin	9,90
137	Grönland: Arctic Circle Trail	12,90
139	Belgien: Jakobsweg - Via Mosana	9,90
140	Italien: Alpiner Wanderweg Friaul	12,90
141	Nordspanien: Jakobsweg Alternativroute	12,90
142	Jakobsweg Tillyschanz-Konstanz	9,90
144	Kanada: East Coast Trail	9,90
145	Rund Bornholm zu Fuß u. p. Rad (06)	9,90
146	Tschechien: Isergebirge	12,90
147	NRW: Jakobsweg	12,90
149	Norsp.: Jakobsweg Tunnel v. San Adrian	9,90

150 England: Cleveland Way 9,90
151 Kirgistan: Trekking im Tienschan 12,90
152 Nepal: Langtang, Gosaikund u. Helambu 12,90
154 Deutschland: Rothaarsteig 9,90
155 Odenwald-Scharzwald-Weg (06) 9,90
156 Südafrika: Wild Coast Trail 9,90
157 Österreich: Jakobsweg 14,90
159 Sächsische Schweiz Trekkingt. 9,90
160 Brandenburg: Wochenendtouren 9,90
rund um Berlin
161 Italien: Ligurischer Höhenweg 12,90
162 Frankr.: Jakobsweg - Via Tolosana 12,90
163 Harz: Hexenstieg 9,90
164 Teutoburger Wald: Hermannsweg 9,90
166 Frankreich Jakobsweg: Via Lemovicensis 12,90
167 Niederl.: Nordseeküstenradweg 12,90
171 Türkei: Lykischer Weg 9,90

OutdoorHandbücher - Fernweh-Schmöker

Band		€
46	Blockhüttentagebuch (R. Höh)	12,90
47	Floßfahrt nach Alaska (R. Höh)	10,90
75	Auf nach Down Under (Australien)	7,90
105	Südsee-Trauminsel (Tom Neale)	9,90
110	Huskygesang - Hundeschlittenf.	7,90
111	Liebe - Schnaps - Tod (Thailand)	7,90
123	Pacific Crest Trail (USA)	9,90
124	Zwei Greenhorns in Alaska	6,90
125	Auf dem Weg zu Jakob	9,90
126	Kilimanjaro-Lesebuch	7,90
130	1000 Tage Wohnmobil	12,90
153	Jakobsweg - Lesebuch	7,90
158	Inselfieber	9,90
182	Als Frau allein auf der Via de la Plata	7,90

ReiseHandbücher

Äthiopien	22,90
Antarktis	24,90
Grönland	14,90
Iran	22,90
Kiel	9,90
Kiel von oben - Luftbildband	9,90
Kurs Nord	24,90
Libyen	22,90
Rumänien	14,90
Schweiz	18,90
Sibirien	22,90
Spitzbergen-Handbuch	22,90
Tansania / Sansibar	19,90

Fremdsprech

Band		€
1	Oh, dieses Dänisch	4,90
2	Oh, dieses Schwedisch	4,90
3	Oh, dieses Spanisch	4,90
4	Oh, dieses Englisch	4,90
5	Oh, dieses Französisch	4,90
6	Oh. dieses Russisch	4,90
7	Oh, dieses Norwegisch	4,90
8	Oh, dieses Niederländisch	4,90
9	Oh, dieses Chinesisch	4,90

Updates, das aktuelle Verlagsprogramm und weitere interessante Informationen zu unseren Büchern finden Sie auch auf unserer Homepage

www.conrad-stein-verlag.de